PARTY

```
G E D E C C A B E U L B X S D
C N N C I R C U L A T E L A O
P O A O P T Y O E O N U R C M
P O N T D O S R O D W J R H I
W M S V N R L I A V I O B E N
H A U S E I E I L M I S U M A
S Q O T E R M G T U I H H T N
P W Q T S E S O N I P R S H T
R E U S R U P I U A C O P X Z
E V I D E N C E O K R I P H Z
E D I L S D N A L N V T A P J
R O N I A R T S I D H P S N A
R E E N O I T C E L E D N N B
R I G H T I S T F Z T C B U H
E S R E V A R T Q U B U X O L
```

ACCEDE	ELECTIONEER	PURSUER
BLOWOUT	EVIDENCE	RIGHTIST
BLUE	KUOMINTANG	SACHEM
CIRCULATE	LANDSLIDE	SHIVOO
CONVERSION	POLITICIAN	SIDE
DISTRAINOR	POPULIST	STRANGER
DOMINANT	POSSE	STUMP
DONE	PRIMARY	TRAVERSE

HOME

```
Y T H G I L B A E R T S A H H
B F L O O D E U S O B O H O O
M I H O C K E Y S H Z U D N M
M K R E V A E L E T R U C E E
R I H C O V E R Q S H A V L M
N W O R G E M O H E N E M Y A
D N U O B E S U O H J A A N K
H O U S E W A R M I N G M D I
I L A N D S T U R M W M Y B N
E K O R P H A N P A N E E R G
Q C E O U T W A R D U C X N D
D J N B S S E L F O O R R A N
D N M I A V I S I T O R O G Q
K L J Y S N X M S T T K W B H
X I R E L L A B R E K N I S F
```

ASHRAM	HOMEMAKING	OUTWARD
ASTRE	HONE	OVER
BLIGHTY	HOUSEBOUND	PANEER
BUSTHEAD	HOUSEWARMING	ROOFLESS
CRIB	IKEBANA	SINCE
FLOOD	LANDSTURM	SINKERBALLER
HOBO	LEAVE	VISITOR
HOCKEY	MANSE	
HOMEGROWN	ORPHAN	

SHEEP

```
L E N A B T Y C C D R S L M C
G I L E P K S A I O R K C A A
X A N T S I I A W L R E T N R
W X L C T A M A L A O E H A A
Y A I L O A E P R B K C E D C
C Q A S O L C R S I L A U A U
O V I N E W N K G O O L E B L
S T R A Y G S O V P W J E R H
D I R P A C I V O A E F O T B
D L O F N I P D R A L L O P S
S H E A R I N G T R A T T L E
E T I B P E E H S I U Q N A V
E C N A M U H S N A R T H Z X
D H Z L Y C Z G E E D V M O U
T E A Q H P N B Q Z T R M Y R
```

BANE	HERD	SHEARING
BLAST	LINCOLN	SHEEPBITE
BREAKAWAY	MANADA	STELL
BUCOLIC	OVICAPRID	STRAY
CARACUL	OVINE	TRANSHUMANCE
CATTLE	PIMP	TRATTLE
CORE	PINFOLD	VANQUISH
GALLOWS	POLLARD	
GREASE	RAIK	

CYBER CRIME

```
E  A  T  T  A  I  N  D  E  R  C  U  H  F  I
E  N  L  I  A  M  K  C  A  L  B  E  E  I  N
L  T  O  Y  L  L  A  N  I  M  I  R  C  N  F
N  U  A  T  H  O  M  I  C  I  D  A  L  E  A
R  O  F  R  A  Y  C  N  E  C  E  D  N  I  N
R  O  I  D  E  L  B  A  I  P  X  E  N  I  T
P  O  B  T  A  D  K  I  D  N  A  P  T  I  I
N  D  U  B  U  E  E  C  I  L  O  P  Y  Q  C
U  U  P  G  E  C  R  F  R  U  S  X  D  Y  I
H  C  Q  G  H  R  E  D  N  E  G  T  R  Z  D
V  E  M  M  U  N  Y  X  U  O  I  D  D  Z  E
T  I  M  M  O  C  E  R  E  H  C  D  S  T  V
M  A  L  E  F  A  C  T  O  R  K  H  L  G  U
E  S  O  P  S  I  D  E  R  P  N  D  L  O  P
N  O  I  T  A  T  I  C  I  L  O  S  L  Y  S
```

ATONE	HOMICIDAL	RECOMMIT
ATTAINDER	INDECENCY	ROBBERY
BLACKMAIL	INEXPIABLE	ROUGH
CONFEDERATE	INFANTICIDE	SOLDIER
CRIMINALLY	KIDNAP	SOLICITATION
DREADFUL	MALEFACTOR	
EXECUTION	POLICE	
FINE	PREDISPOSE	

DOLL HOUSE

```
A  W  O  L  A  G  N  U  B  F  R  A  T  E  R
P  E  T  H  Y  J  J  S  A  T  E  P  P  O  M
P  D  G  C  E  R  M  U  T  E  M  L  A  P  O
O  N  I  A  T  A  E  S  Y  R  T  N  U  O  C
I  R  M  M  G  R  P  G  T  E  J  A  T  N  C
N  T  M  O  O  R  N  U  G  I  P  S  H  L  T
T  T  E  B  H  O  U  U  P  O  L  A  L  C  C
H  O  F  L  H  K  R  B  O  P  D  P  P  L  E
H  O  U  S  E  B  R  E  A  K  Y  C  S  H  I
L  L  U  C  Z  S  U  E  S  U  O  H  D  A  M
M  S  W  S  Z  M  U  Y  Q  U  R  P  N  W  K
G  H  V  J  E  T  X  O  G  M  O  S  Q  U  E
N  E  F  A  E  T  C  G  H  T  E  H  D  Y  C
E  D  K  H  D  R  O  L  D  N  A  L  I  A  A
R  N  N  Q  F  E  I  P  N  R  M  T  F  W  O
```

APPOINT	HOUSEBREAK	PALMETUM
BUNGALOW	HOUSELET	PAPEY
BURGAGE	HOUSEROOM	PUPPY
CHATEAU	HOUSETOP	SPLIT
COUNTRYSEAT	LANDLORD	TOOLSHED
DOGGERY	MADHOUSE	
FRATER	MOPPET	
GUNROOM	MOSQUE	

FASHION

```
B  C  Y  S  R  E  V  O  R  T  N  O  C  F  R
L  E  A  E  N  L  R  E  L  G  N  A  F  A  A
O  I  T  T  N  I  E  U  F  O  G  E  Y  S  N
G  T  S  A  W  O  K  D  T  D  N  I  K  H  D
G  U  R  S  E  A  D  S  O  U  G  A  Y  I  O
E  R  R  O  O  R  L  L  A  N  O  E  J  O  M
R  N  A  E  S  F  C  K  M  G  F  C  U  N  A
G  N  I  K  C  A  P  D  E  L  I  D  X  Q  W
P  D  T  B  J  E  P  F  I  R  L  L  R  I  S
Y  L  E  P  A  H  S  S  H  U  F  F  L  E  B
E  L  D  D  O  T  N  S  X  S  J  N  G  A  C
N  O  I  T  C  E  R  R  U  S  E  R  P  S  G
Y  L  G  N  I  R  E  P  A  T  O  Z  Y  X  Q
T  N  E  R  A  P  S  N  A  R  T  D  B  E  A
A  P  E  K  P  C  X  F  J  M  D  B  X  K  U
```

BLOGGER	FOSSIL	SHUFFLE
CATWALKER	GALLIGASKINS	SORT
CONTROVERSY	KIND	SQUEG
COUTURE	NODEL	TAPERINGLY
CREATE	PACKING	TODDLE
DONE	RANDOM	TRANSPARENT
FANGLE	RECESS	TURN
FASHION	RESURRECTION	
FOGEY	SHAPELY	

TOY

```
O  L  B  B  G  A  B  N  A  E  B  R  I  C  K
C  N  L  A  A  C  K  O  K  P  L  N  A  X  A
F  R  A  A  L  T  U  C  G  N  O  P  P  E  B
S  L  E  C  B  S  T  D  A  I  O  O  K  G  B
A  P  A  A  C  U  A  E  D  R  E  G  H  Z  S
A  J  I  N  T  E  U  Y  R  L  C  C  S  I  C
B  M  V  R  N  O  M  O  R  Y  Y  M  A  C  R
U  G  L  Y  A  E  R  S  U  R  G  E  I  Y  A
E  S  U  O  H  L  L  O  D  C  O  N  T  G  T
O  Z  N  A  M  U  H  B  U  S  E  W  G  V  C
Y  J  W  E  P  O  C  S  O  R  Y  G  C  W  H
R  E  T  E  E  T  W  F  H  A  N  O  J  C  B
V  Q  A  J  K  H  T  U  L  S  R  F  N  I  A
P  V  E  S  M  W  X  I  M  S  T  D  X  B  C
P  E  N  N  Y  W  H  I  S  T  L  E  U  P  K
```

BALL	CUDDLY	PENNYWHISTLE
BALSA	DOLLHOUSE	SCRATCHBACK
BATTERY	FLANNELBOARD	SPIRAL
BEANBAG	GIMCRACK	SUBHUMAN
BEAR	GONK	SURGE
BOGIE	GYROSCOPE	TEETER
BRICK	HOOP	UGLY
CREATOR	MECCANO	WORRY

CORRUPTION

```
M O B U T U S L K T Y R A N C
T E R R A G T E A R F T H Z O
C E S S P O O L V G O A F T R
C O R R U P T L Y E R C R X R
C R I M I N A L Q I R A F G U
E T A C E F E D P P H I B L P
D I S S O L U T I O N M A I T
E H T P U R R O C N I M V N L
A S A E K A R K C U M A I E E
H S C R P R A V I T Y C T A S
S S S H L E R I T A S U I M S
X N A A E O N E J V I L A E U
R T C W M A C T E X O A T N L
H T G M X U T K T Y R T E T R
I N C A N T A T I O N E Q Q M
```

ARGAL	GARRET	MUCKRAKE
CESSPOOL	GRAFT	NARY
CORK	HARLOCK	PRAVITY
CORRUPTLESS	IMMACULATE	SATIRE
CORRUPTLY	INCANTATION	SEVERIAN
CRIMINAL	INCORRUPT	VITIATE
DEFECATE	LINEAMENT	WASH
DISSOLUTION	MASSA	
ESCHEAT	MOBUTU	

PUBLIC

```
N  A  D  V  E  R  T  N  L  A  E  P  P  A  C
D  O  I  A  K  X  E  N  A  D  E  Y  E  K  I
E  V  I  N  E  T  P  I  I  M  T  W  P  O  V
L  B  F  T  K  R  S  O  D  A  S  N  V  E  I
A  E  C  N  A  N  I  F  S  A  M  M  A  Z  L
T  X  E  G  A  M  O  H  P  I  L  X  L  P  C
E  U  I  D  B  Q  A  D  L  A  T  L  C  A  O
E  G  A  N  G  I  S  L  A  G  H  I  A  H  N
C  O  N  C  O  U  R  S  C  F  A  T  O  B  F
F  R  A  N  C  H  I  S  E  C  R  S  V  N  E
P  R  O  D  U  C  T  I  O  N  A  B  A  S  S
O  S  T  E  N  T  A  T  I  O  N  S  K  S  S
F  W  S  T  R  A  P  H  A  N  G  E  R  X  I
M  S  I  L  A  D  N  A  V  A  U  E  D  N  O
M  O  O  R  H  S  A  W  I  B  E  N  M  R  N
```

ACCLAMATION
ADVERT
ALMSMAN
APPEAL
BALLADIER
CIVIL
CONCOURS
CONFESSION
DELATE

EXPOSITION
EYED
FINANCE
FRANCHISE
HARANGUE
HOMAGE
MAIN
OSTENTATION
PANT

PLACE
PRODUCTION
READ
SIGNAGE
STRAPHANGER
VANDALISM
WASHROOM

PENNY STOCKS

```
I  M  C  L  Y  Y  Y  A  H  C  R  E  S  T  W  C
N  H  O  E  A  U  R  S  S  E  R  P  E  D  O
D  W  Z  S  N  C  B  R  L  I  U  H  J  N  N
I  I  O  D  A  T  I  A  A  L  L  H  N  T  T
A  D  D  D  R  N  T  L  L  C  I  L  W  U  A
N  M  O  E  A  E  R  S  C  O  L  G  U  R  N
T  R  D  O  S  D  A  E  C  Y  Y  G  V  B  G
Z  E  F  J  W  S  G  D  L  R  C  A  L  U  O
H  E  A  V  Y  L  E  U  F  B  I  U  P  L  L
E  C  N  E  P  Q  I  R  X  U  M  M  I  E  S
E  T  A  R  E  P  O  Z  P  A  L  U  P  N  Q
G  X  W  F  F  Z  Z  D  A  E  A  K  T  C  V
W  I  L  D  C  A  T  T  E  R  D  L  R  E  G
P  E  N  N  Y  P  R  I  C  K  B  W  I  O  Y
T  S  I  L  A  I  C  E  P  S  X  F  M  E  W
```

ARBITRAGE	DEPRESSED	PENCE
BRAZILWOOD	DOWN	PENNYPRICK
BULLISH	DREADFUL	SCRIMP
CARRY	GILL	SPECIALIST
CENT	HEAVY	TUMBLE
CONTANGO	INDIAN	TURBULENCE
CREST	MOSAN	WILDCATTER
CYCLICAL	OPERATE	
DEPRESS	PAYOLA	

KIDS

```
P A N K E C N A I L L A W E D
Q F K W I O Q N T A B M O C C
R T K N G N E G C R A B B Y G
O E P Z E V A E M R O F R E P
V R B Z I E M L H H U T Y K E
O W G U T R L I L E G E N D S
B A Y Y T T Z C D Z H O L M B
U R N O I T A R T I B R A T K
D D T N E M T R A P E D Z K Y
Y I F A D D I S H G N I K O J
C E S I M P O R T A N C E M G
K Z K P T N E C S E B U P L G
O S P C O S U B S I D Y K Q K
S Q R P O R E S P I A R T O O
D I E P Q J T R A C W O V H Z
```

AFTERWARD	DEPARTMENT	PANK
ALLIANCE	DISPORT	PERFORM
ANGELIC	FADDISH	PUBESCENT
ARBITRATION	IMPORTANCE	REBUT
AWED	JOCKEY	SUBSIDY
COMBAT	JOKING	TRAIPSE
CONVERT	KNEEL	TYKE
CRABBY	LEGEND	
CRUELTY	ORGY	

CHAT

```
A V A T A R B A N T E R I N G
C W E H C K E R E V O J D L T
F H G L E O N F E L I I A O G
I L A O A L L O N H J V L B Y
W P O T S N T L C O S E L B D
G R O O M S G T O P C O Y Y K
W I N L D T I U A Q O S C H Y
B O N B O H S P I R U L N T F
M I N G L E R E O D P Y L Q V
R E K L A T F E F U L O C A U
T I S I V U C E P K S Y O D W
R A E T A E H W H S L B R K Y
C L Q W D H X Y J V I A T G L
T P K A C N T B D D D H T A Z
S I T S R N H Y D C F A W P E
```

AVATAR	FLOOD	PRATTLE
BANTERING	GOSSIP	TALKER
CHAT	GROOM	TALKFEST
CHEW	HOBNOB	VISIT
COLLOQUY	JIVE	WALLOP
CONFER	LANGUIDLY	WHEATEAR
CONK	LOBBY	WHISPER
COSHER	MINGLE	
DALLY	OVER	

EBAY SELLING

```
D R N D E A L B C C L F R X H
K I E A C C Z A A A U A N E O
N C A T I Q K Z B P O S L L O
R O A M R R C A A P R H T A K
S O I B R A A A R E D I W O H
F S T S H A B R E R E O A I M
J L E I S S B G T E R N S Q O
H K O R T I A T N N Z V H E M
N O P O T E M C W I O Z I F B
A S V G R S P M J H D C N U C
R O D N E V I M O U I N G K S
T S I R O L F D O C D P E T O
H G N I K O R B K C O T S V W
N E W S V E N D O R Y M K A L
N O I T I B I H O R P H S H W
```

BARMAID	CUSTOM	ORDER
BARTER	DEAL	PROHIBITION
BAZAAR	DISTRESS	STOCKBROKING
CABARET	FASHION	VENDING
CAPPER	FLOOR	VENDOR
CASHBACK	FLORIST	WASHING
COMMISSION	HALAL	WHIPSAW
COMPETITOR	HOOK	
CONTRARIAN	NEWSVENDOR	

WORLD

```
A  S  B  O  H  E  M  I  A  P  O  B  M  I  L
P  I  I  S  K  L  A  E  R  E  H  T  E  Z  I
E  R  N  X  U  C  X  B  Y  T  E  I  C  O  S
L  A  E  E  A  P  U  C  O  R  P  O  R  A  L
M  A  D  S  D  E  M  D  R  O  I  H  Z  Z  L
I  D  C  I  B  A  M  A  E  S  D  L  A  I  J
S  I  A  U  R  Y  S  I  C  I  F  S  F  Z  T
T  Y  N  E  O  H  T  E  T  A  L  P  R  J  H
L  L  X  Y  R  C  C  I  M  N  F  G  Z  X  N
E  L  A  V  P  T  W  E  S  C  H  A  T  O  N
T  M  E  T  A  V  E  R  S  E  B  D  B  F  D
O  S  K  U  R  J  D  R  L  P  V  N  E  U  T
E  U  I  W  R  O  E  N  I  L  F  F  O  H  U
R  S  Y  X  E  X  M  S  P  I  T  F  I  R  E
S  P  I  R  I  T  U  A  L  I  S  M  O  D  I
```

AXIS	LIMBO	PSECHRIDAE
BOHEMIA	MESADENIA	RETREAD
CAMPUS	METAVERSE	SOCIETY
CORPORAL	MISTLETOE	SPIRITUALISM
COUCAL	MORTAL	SPITFIRE
DUCK	OFFLINE	TIME
ESCHATON	PETROSIAN	
ETHEREAL	PRESBYTIS	

WINTER

```
D A V O S E S U O M U R B C D
K D I S C O N S O L A T E U I
H O O E L O H I T O W N T R S
I S O W E K H B D N S R U L C
S H I N N I X M V A F O Q I O
O I Z F I Y A M Q B G V U N N
P V H S L H O Y U T J N E G N
E E I E V O C S A W E X E Z E
C R G O H K O G R E B E C I C
T Z E L C C Y F T H V F P R T
I A K T I B I K E V I E C E R
C S U N I T S U R U A L R J B
Y F I V I V E R S P E N C E R
K C E N G N I R X C F D B O J
G N I L G G A R T S Z S F S X
```

BRUMOUS	FOOLFISH	REVIVIFY
CHINOOK	HOLE	RINGNECK
CURLING	ICEBERG	SHIVER
DAVOS	ISOPECTIC	SPENCER
DISCONNECT	KIBITKA	STRAGGLING
DISCONSOLATE	LAURUSTINUS	TOWN
DOWNY	QUARTER	TUQUE
ENGADINE	RECEIVE	

CAR

```
A C C E L E R A T O R G I V D
A R B O D Y S I D E P T A C S
K U R M S T E T K T L E S R F
S C T H O O O K H N X B E O D
L K A O Y O A P C G A F A R L
X Q C B M T R P S O I T L C C
L X U C T O H G B S J R P M B
K C E R W S B M E O K S B I O
G U Z Z L E A I I L X S X N P
G N I M I T D F L C N V N I V
M U L T I C A R V E F U V V U
O V E R H A U L T M H A H A D
R E T S D A O R G W B M J N T
I N I M R E P U S S E L P O T
E L B U O R T B M P T M N N E
```

ACCELERATOR	GUZZLE	SPOT
ARRHYTHMIC	JOCKEY	SUPERMINI
AUTOMOBILE	LEGROOM	TANK
BODYSIDE	LOST	TIMING
BRIGHTS	MINIVAN	TOPLESS
CABLE	MULTICAR	TROUBLE
CREEP	OVERHAUL	WRECK
DRAG	ROADSTER	
FASTBACK	SOAPBOX	

TRAIN

```
E  E  N  W  O  R  R  U  B  E  L  D  A  R  C
H  Z  I  W  E  D  E  G  M  P  N  A  W  R  M
M  E  I  G  O  G  O  E  U  A  O  I  S  G  K
I  O  L  R  O  D  E  R  N  I  R  I  G  T  L
S  U  O  I  E  B  K  L  W  I  D  S  N  N  E
T  Q  S  X  F  B  R  A  L  A  G  E  H  T  E
R  Q  B  R  I  A  R  A  E  O  R  N  W  A  S
A  N  P  E  W  T  C  E  P  R  C  D  E  A  L
I  O  V  E  R  D  U  E  F  I  B  N  M  V  Y
N  O  N  C  O  M  I  N  G  A  D  O  Q  M  D
M  O  O  R  E  T  A  T  S  N  B  E  T  H  D
D  R  A  W  E  T  S  O  U  T  I  L  I  T  Y
E  T  A  N  I  M  R  E  T  Q  O  R  T  I  F
E  L  T  S  I  H  W  S  L  T  F  I  T  E  D
B  W  G  P  I  G  R  X  T  T  I  Z  N  S  Y
```

BOGIE	FERBERIZE	RAPIDE
BREAKDOWN	GUIDE	STATEROOM
BURROW	GUIDEWAY	STEWARD
CAFILEH	LAST	STRING
COLLEGE	MARSHAL	TERMINATE
CRADLE	MISTRAIN	UTILITY
DRAWROD	ONCOMING	WHISTLE
ENGINE	OVERDUE	
ENGINEER	POINTS	

GOLD

```
N K I M B E R L E Y R A T I O
Y O N G E C E I P D A O R B N
F T T I N O I T A L L E P U C
L I I S H I F I L I G R E E J
S A X E I C T K C I S S O F X
U O C I R M A E L B A L O S I
K K F Q N U R D K O L Q R N C
N X S T U G A E L N D C G D I
P Y R I T E S B G A A U Y X Y
S E Q U I N R J G R B L C E C
E L B I T R E V N O C C B S D
D E T A N I M U L L I L Z J T
M A H M U D I J I H S A N R U
R I F F L E M A N T I N S E L
O D U K A H S W E E T E N C D
```

AUREITY	GERMISTON	RIFFLEMAN
BALDACHIN	ILLUMINATED	SCUDO
BLANKETING	ISOLABLE	SEQUIN
BROADPIECE	KIMBERLEY	SHAKUDO
CONVERTIBLE	LACQUER	SOFT
CUPELLATION	MAHMUDI	SWEETEN
FILIGREE	NASHIJI	TINSEL
FIXING	PYRITES	
FOSSICK	RATIO	

SOUP

```
B  I  R  C  A  W  L  K  R  O  F  L  X  P  E
D  O  L  E  C  H  I  F  F  O  N  A  D  E  X
G  E  R  L  V  D  K  T  L  V  V  N  I  H  T
N  N  H  S  I  I  U  N  L  A  N  A  T  E  E
S  E  I  S  C  U  G  N  I  I  N  P  L  Q  N
O  B  L  L  U  H  O  E  K  K  T  R  P  F  D
U  O  B  D  P  R  T  B  R  F  S  O  U  P  E
P  U  R  L  N  M  C  X  F  A  H  Q  R  O  R
Y  R  I  X  W  A  U  I  H  C  C  O  N  G  J
S  T  E  A  K  E  M  D  N  V  B  K  S  L  I
M  A  T  E  R  N  A  L  L  E  D  M  K  W  S
E  N  O  R  T  S  E  N  I  M  E  P  I  A  O
S  S  E  R  T  R  O  M  W  Q  V  R  D  X  X
N  O  O  P  S  E  L  B  A  T  R  A  U  H  A
J  M  G  W  C  Z  L  G  E  G  L  Y  Y  T  U
```

BORSCHT	FLAVOR	SOUP
BOUILLI	FORK	SOUPY
CAREGIVER	GNOCCHI	STEAK
CAWL	JOURNAL	TABLESPOON
CHIFFONADE	MANDLEN	THIN
CRUSHED	MATERNAL	TILT
DUMPLING	MINESTRONE	TUREEN
DUNK	MORTRESS	
EXTENDER	SKINK	

CHILDHOOD MEMORIES

```
P M E C D E K C K Q L K D M R
T A S K H O V H F L W N I U E
E N M I A I O I W F O B G M P
K L E U T W L L R G C F R P R
E E B M K U A D F P Y N E S E
E P E A I R A R I R E P S T S
T L O P C D E W E S D D S E S
W E I R S I E T R V H U I T I
E B V R H A R P A E I R O H O
E G I L E T K T M I T E N E N
N Q C Y E U N E X I N C W R Z
Y O U T H D P A G E N J H M J
G N I L B M A R C M N H X E U
G Y Z M N E N E G Y Y I S H D
D O O H N E D I A M L K G Z H
```

AUTISM	IMPEDIMENT	RAMBLING
AWAKE	INEXTRICABLE	REPRESSION
CHILD	KEEPSAKE	RETAIN
CHILDISH	LYCANTHROPE	REVIEW
DEPRIVE	MAIDENHOOD	TETHER
DIGRESSION	MUMPS	TWEEN
FLOOD	PAMUK	WRETCHED
FOLK	PUERILE	YOUTH

WRITING POETRY

```
A D R A O B K C A L B C H R S
D N I O H C E F V F S U O E C
N I A L E V I T C I F N M S R
S O V C A Y E L U B H E I T I
Y S I O R T E C M M L I L I P
B K A H R E A O E U S F Y C T
N I C R C C O T O I R O T H O
N S U O G L E N I H P R A T R
N X Q Q W M A T T O E M B J Y
B M H G S R U F T I N H L N X
I N R E T C E L E I C C E Z G
C I T E M I M B L B Y R T Q R
G W A F N V W Y B E T H Q X U
T E O P O H T Y M A V L E T T
M S I N O H P M Y S J X O X C
```

ANACREONTIC	GRASS	REST
BLACKBOARD	HOMILY	SCRIPTORY
CUNEIFORM	HOOEY	SMUT
DILATATION	JABBERWOCKY	SQUIB
DIVORCE	LECTERN	STICH
ECHO	MIMETIC	SYMPHONISM
FALCHION	MYTHOPOET	TABLET
FICTIVE	PIECE	VELLUM

PERSONAL GROWTH

```
T  A  N  T  I  F  U  N  G  A  L  R  I  A  H
H  N  L  E  R  A  P  P  A  G  R  O  S  S  G
E  A  E  K  E  E  C  Y  P  R  E  S  S  E  D
L  C  S  M  O  M  B  T  C  I  L  E  R  E  D
I  R  I  A  E  O  B  B  J  U  N  G  L  E  L
O  O  R  R  R  C  L  R  O  X  H  I  G  C  I
T  G  L  O  Y  C  N  X  Y  L  S  Q  O  A  C
R  Y  M  D  E  L  O  A  E  O  C  A  N  H  K
O  N  S  D  I  R  R  T  V  T  L  L  Q  B  S
P  O  S  Q  R  D  E  C  I  D  U  O  U  S  P
I  U  L  U  G  G  A  G  E  C  A  V  G  J  I
S  S  G  E  N  T  L  E  W  O  M  A  N  Y  T
M  O  N  I  K  E  R  S  Q  U  I  R  E  T  T
M  S  A  L  P  O  E  N  R  A  R  G  S  H  L
E  V  R  E  S  E  R  P  J  Y  Z  O  Q  F  E
```

ADVANCEMENT

ANACROGYNOUS

ANTIFUNGAL

APPAREL

CLOBBER

CYPRESSED

DECIDUOUS

DERELICT

EMBRYOLOGY

GENTLEWOMAN

GROSS

HAIR

HELIOTROPISM

JUNGLE

LICKSPITTLE

LOOK

LUGGAGE

LYRIC

MONIKER

NEOPLASM

PRESERVE

SARCOTIC

SQUIRE

WEB DESIGN

```
K A R A D A G H E B R A N C H C H
C G E C O M P G D R M E E T H H
W A E G F A S E E O A L C G I
E I B M R L E J V A Y W I A G
B N E I U A O T I C E T D F L
C S I G N T H W C H S X Z A T
A T V L A G S C E H T E E M R
S U N R R P A O S R I P W W O
T W D B Z I Z G C H Y N P D P
S S G H E R A L D R Y X G Z I
S E R V L E T H H T J E W V C
I N N O V A T I O N L S L I B
E P A C S D N A L B Y I L K I
E C N E C S E L O S B O X C R
P Y R O G R A P H I Z F K E D
```

ADWARE	ETCHING	MEET
AGAINST	FILM	OBSOLESCENCE
BRANCH	FLOWERY	PAGE
BROACH	HAIRLINE	PYROGRAPH
CABIN	HERALDRY	SERVLET
CHARGE	INNOVATION	TROPICBIRD
COMP	KARADAGH	WEBCAST
COSTUME	LACE	
DEVICE	LANDSCAPE	

Puzzle #24

SELF DEFENSE

```
M  S  I  C  I  T  E  C  S  A  B  E  I  N  G
A  A  W  D  O  K  D  M  R  M  O  V  E  G  R
Y  U  I  O  E  U  C  N  S  E  A  H  J  R  E
R  P  T  R  R  H  N  I  Q  I  S  W  J  O  A
S  E  P  O  E  C  C  T  R  R  T  O  G  C  T
A  T  T  O  C  T  E  U  E  P  F  O  R  E  N
V  P  R  T  S  T  E  G  A  R  U  L  G  T  E
X  R  G  U  O  N  O  F  E  B  L  O  N  E  S
W  A  R  M  T  P  Y  N  A  L  E  L  X  R  S
R  O  M  K  F  M  S  Z  Y  C  I  D  U  I  X
E  R  U  T  R  E  V  O  C  L  A  V  J  A  B
H  E  A  U  T  O  P  H  A  N  Y  H  I  I  F
C  I  H  T  A  P  O  R  E  T  E  H  O  R  G
M  A  I  N  T  E  N  A  N  C  E  H  Y  C  P
O  M  B  R  O  G  R  A  P  H  T  Q  C  F  L
```

ASCETICISM	DEBAUCHED	OMBROGRAPH
AUTOCTONY	EGOTISM	PRICK
BEING	GREATNESS	PRIVILEGE
BOASTFUL	GROCETERIA	RESORT
CAFETERIA	HEAUTOPHANY	SOPPY
COUNTER	HETEROPATHIC	SPOTTER
COVERTURE	MAINTENANCE	STRUT
CROW	MOVE	WARM

ORGANIC

```
D  A  L  K  Y  L  D  E  S  A  D  E  N  O  L
D  E  U  Y  O  F  U  L  P  R  I  M  A  R  Y
S  I  L  M  X  T  F  A  R  G  S  F  T  Q  X
E  I  S  O  A  O  F  B  K  Z  U  C  D  G  T
S  T  S  P  N  T  B  O  T  T  L  Y  X  E  H
P  H  H  U  L  O  C  R  W  V  P  J  P  S  I
O  J  A  Y  A  A  I  A  A  V  H  E  U  I  A
D  C  D  Q  L  C  C  T  L  C  I  C  T  L  Z
I  H  E  U  Y  A  A  E  A  C  D  U  R  I  I
C  S  X  B  E  G  M  M  M  L  E  Z  E  C  N
F  O  X  F  I  R  E  I  E  E  A  Q  F  I  E
E  N  I  L  O  C  I  P  N  R  N  T  Y  F  X
P  R  O  P  Y  L  E  N  E  E  E  T  E  Y  Q
F  L  A  V  A  N  I  L  I  N  E  Q  N  M  V
N  O  B  R  A  C  O  R  D  Y  H  O  C  S  Y
```

ALKYL	ETHYLAMINE	OLED
CARBOXYL	FLAVANILINE	PICOLINE
DISPLACEMENT	FOXFIRE	PRIMARY
DISULPHIDE	GRAFT	PROPYLENE
DUFF	HEXYL	PUTREFY
ELABORATE	HYDROCARBON	SILICIFY
ENOL	LACTAM	SPODIC
EREMACAUSIS	METALATION	THIAZINE

SPECIAL OCCASIONS

```
A  D  E  R  O  M  R  A  B  C  O  L  B  P  Y
L  Y  N  A  P  M  O  C  A  A  Y  Z  O  O  D
L  E  P  M  A  T  S  B  C  L  C  Y  H  M  C
O  Q  E  L  I  U  O  A  K  L  L  I  A  P  W
W  U  V  G  K  P  K  S  W  I  E  I  R  T  T
D  I  S  P  A  T  C  H  A  G  L  W  R  O  X
S  P  I  E  H  M  P  O  R  R  D  L  E  D  D
T  M  Y  I  D  A  O  E  D  A  T  P  E  J  M
A  E  T  O  B  N  Z  H  S  P  X  Q  F  M  H
L  N  I  N  J  E  O  V  O  H  B  E  J  N  S
L  T  V  E  E  P  X  F  G  Y  T  O  R  Z  L
C  O  N  C  E  S  S  I  O  N  Z  D  B  Y  J
M  U  I  L  U  C  E  P  L  R  F  X  V  G  F
A  I  L  A  G  E  R  R  X  G  P  N  R  I  K
Y  T  I  L  A  I  C  E  P  S  G  H  M  K  P
```

ALLOW	DOOZY	PRESENT
ARMORED	DORIC	PROFONDE
BACKWARDS	DRILL	REGALIA
BLOC	EQUIPMENT	SMELL
CALLIGRAPHY	HOMAGE	SPECIALITY
COMPANY	JEWEL	STALL
CONCESSION	PECULIUM	STAMP
DISPATCH	POMP	

MAIL

```
B  A  I  L  E  T  T  E  F  O  L  L  O  W  G
N  L  A  V  O  R  P  P  A  K  S  L  O  T  A
T  O  A  I  N  D  I  C  I  A  N  Z  V  R  U
M  C  I  C  T  P  E  N  I  N  H  A  R  H  N
I  R  A  T  K  R  A  H  C  U  O  P  R  O  T
S  D  E  R  C  B  E  C  O  K  V  S  W  F  L
D  M  E  D  T  E  E  V  K  W  E  H  E  P  E
I  T  I  R  O  N  L  R  E  E  N  O  E  M  T
R  P  O  L  T  C  O  L  R  R  T  P  K  G  H
E  B  B  T  E  S  A  C  O  Y  A  P  L  C  F
C  A  U  A  T  Y  U  R  W  C  I  E  Y  M  T
T  R  E  V  R  E  S  R  T  H  L  R  F  K  W
S  E  P  A  R  A  T  E  Y  S  G  X  C  R  W
S  P  O  R  A  D  I  C  O  D  O  B  Z  G  Z
U  N  S  C  R  U  P  U  L  O  U  S  R  J  I
```

AILETTE	INEPT	SHOPPER
APPROVAL	MISDIRECT	SLOT
BLACKBERRY	OSTRACODERM	SMILEY
COLLECTION	PACKET	SPORADIC
CONTRACT	POUCH	UNSCRUPULOUS
FOLLOW	REVERT	VENTAIL
FRANK	RUSTRED	WEEKLY
GAUNTLET	SEPARATE	
INDICIA	SERVER	

SWIMMING

```
D L A Q U A L U N G X A C Z C
O A B R A C H I O L A R I A O
L R D U F E U S P O R T R T P
I V N N T A R B K H D B R R E
O A P O U T T O I M A V I U P
L C T E G O E I H C K E P D O
U E O O Q I S R G P L K E G D
M A G N O G U D F U O E D E A
N O T H O S A U R L E T Z N G
L A I R O T A T A N I C C Z S
D E P I N N I P R Y O E K E S
A I R A N A L P C U B A S D N
P L A T Y P U S P L U N G E S
D E T I B I H O R P L R Z J F
N E G O B M O H R W E B B E D
```

AQUALUNG
BRACHIOLARIA
BUTTERFLIES
CIRRIPED
COPEPODA
CUBICLE
DOLIOLUM
DUGONG

FATIGUE
LARVACEA
NATATORIAL
NECTOPHORE
NOTHOSAUR
PINNIPED
PLANARIA
PLATYPUS

PLUNGE
PROHIBITED
RHOMBOGEN
SOUND
SPORT
TRUDGEN
WEBBED

STUDENT

```
E A W O L B T L E R R A C R T
C L H G N A H E R E M Y U E O
N G B L L H F J D P O L L C X
L A R A I U J O G A Q T T I O
Y Y M A S R O A L W C D U T P
A C R E D I T A B L E R R A H
S M W W S I V Y P F Y N A T I
C F O X X U N D T I N U L I L
R T G L W I O G A T L Y I O I
H S U R P D X H A H E C S N T
P T S I C I N H T E P R T K E
R E D A M O D B E H E X P V I
E M B L E M A T I C C H D P N
P E R C E I V E S U S P E N D
R U N O L O G I S T H D L O T
```

ADVISABLE
AWOL
BAHUR
CADET
CARREL
CREDITABLE
CULTURALIST
DIPLOMA
EMBLEMATIC

ETHNICIST
FOLLY
GRADING
HANG
HEBDOMADER
HOUSEMAN
MERE
PERCEIVE
POLL

PRETTY
RECITATION
RUNOLOGIST
RUSH
SUSPEND
TOXOPHILITE
UNIT

MOTOCYCLE RACING

```
D  M  S  K  A  O  A  E  S  A  B  L  O  O  T
C  N  O  X  S  T  G  L  E  N  G  T  H  M  E
F  H  E  S  G  N  I  D  D  E  L  S  B  O  B
H  K  A  B  P  Q  N  P  Q  F  S  Z  L  T  P
A  K  H  P  R  E  G  A  K  R  E  K  C  O  R
N  H  Z  Z  S  H  V  G  M  C  V  E  U  R  F
D  R  O  M  E  D  A  R  Y  S  O  Y  X  C  I
I  R  U  B  B  E  R  N  D  C  R  C  S  Y  W
C  Y  S  O  S  P  E  E  D  B  O  A  T  C  R
A  I  P  M  Z  A  T  G  Y  L  S  G  O  L  Z
P  D  N  A  T  S  K  C  I  K  E  P  S  E  S
P  S  S  O  R  C  O  T  O  M  L  B  O  Q  T
E  P  E  T  R  O  L  H  E  A  D  U  A  R  T
R  O  T  O  M  R  E  P  U  S  X  G  S  R  T
D  L  E  I  H  S  D  N  I  W  R  L  U  Q  N
```

AGING	HANDLEBAR	RUBBER
BASE	KICKSTAND	SPEEDBOAT
BEND	LENGTH	SPORT
BOBSLEDDING	MOTOCROSS	SULKY
CHAPS	MOTORCYCLE	SUPERMOTO
COCKPIT	OAKS	TOOL
DROMEDARY	OARSMAN	WINDSHIELD
EPSOM	PETROLHEAD	
HANDICAPPER	ROCKER	

GIRL EDUCATION

```
A H L U F M R A U B G C G T C
C T T D O L L Y K R E H V N H
D H I I D I A M S E D I R B A
T A O L M G U R L E U T S K M
N A U I O S L Q U D C T K O B
D O R G R L I C B I A Y I H E
P I I C H B O A F N T G T O R
L O A T U T O F N G E V J T M
G C P M A D E Y L A S S I E A
G W U P E D E R U N D I E S I
G N P A E S N Y E N S G I P D
Z Y Z S E T U U I E P M E W K
I K W T B O Z O O A Z A Q A N
R W C L B O H B H F O A P R I
O V E R E D U C A T E D N W P
```

ARMFUL	EDUCATE	OVEREDUCATED
BREEDING	EDUCRAT	PIGSNEY
BRIDESMAID	FOUNDATION	POPPET
CHAMBERMAID	GURL	SKIT
CHITTY	HOUSEMAID	UNDIES
CHOIRBOY	LASSIE	
DAUGHTER	LOLITA	
DOLLY	NAISMITH	

OUTDOOR GEAR ACTIVITIES

```
L L E H S D N A B C A M P U O
C A P A R I S O N E D G T Q G
D A H R A U D S N W H R A N F
T N P T E M E R T X E C I T N
K R E A R L N L P R D L O V E
N I R P L I D O L O I F L L E
F O R M E R G I I I P C C E C
S T I C K D G H R N A H K Q A
D O W N C H A N G E I R O E D
L A M P P O S T I G D P E L N
T H R O W T N N L G R L R D E
D E H S L O O T K P G Z I Z U
T O P C O A T U V W U I M N X
C J S E O U X C T C Z U R I E
V I P B E V V W O E R L Q K I
```

BANDSHELL	FORMER	RIGGING
CAMP	GATE	STICK
CAPARISON	GIRTH	STRICKEN
CLOCHE	IDLER	THROW
DEPEND	LAMPPOST	TOOLSHED
DERAILLEUR	LAPA	TOPCOAT
DOWNCHANGE	PINION	WELL
DRIVE	POPHOLE	
EXTREME	REDLINE	

LEARN ENGLISH

```
Y E L I A B D R O F K C E B Y
S E V A N S D N A L G N A L N
B C R D A O R Y N A N N A Y I
W R I B E K S H M A D R A S A
Z O O N U X L N E R K G B H N
R R L K O A P A E A E C M F V
U N G L E B B E W H R H I L B
S D M N O D E T R T P I T U M
V B N G I C J E B I O E N I Q
A I H P A R G S Y D M O T G M
A M E M O R I Z E T U E F S J
P R O B L E M P P H F I N W A
N G E H T P O H S K R O W T K
E K A T P U X B B N R N H F G
Z D S Y V G G O V O I Y L T K
```

ANYROAD
AUBREY
BAILEY
BECKFORD
BROKE
COLLOW
DYSGRAPHIA
EBONICS
EVANS

EXPERIMENT
FOOTWALK
HANG
HEARING
INSPIRING
LANGLAND
MADRASA
MEMORIZE
MITHER

PROBLEM
QUICK
STEPHENSON
THEGN
THOFT
UPTAKE
WORKSHOP

ANT

```
H  G  F  M  I  R  E  R  E  T  U  E  N  M  W
R  C  U  O  T  Y  I  E  C  T  F  S  X  O  T
E  E  O  B  R  Y  X  T  H  O  U  I  P  N  L
W  X  N  L  E  M  L  U  I  P  C  A  V  O  N
P  D  U  A  O  L  I  F  D  N  K  F  L  G  E
W  R  I  D  T  M  D  C  N  Y  E  U  V  Y  U
F  O  E  O  A  A  E  O  A  I  D  R  N  N  R
G  O  R  N  C  T  G  M  O  R  A  N  A  Y  O
K  B  R  K  Y  E  O  R  E  D  I  R  V  N  P
H  O  V  M  E  G  M  R  E  R  T  U  H  P  T
E  E  M  C  I  R  O  R  I  O  T  G  M  P  E
F  O  R  M  I  C  A  R  Y  U  Q  O  G  P  R
W  R  I  T  H  E  I  V  C  M  M  L  N  A  A
M  Y  R  M  I  C  I  N  E  I  O  M  C  O  K
M  E  G  A  T  H  E  R  E  A  M  Y  Y  A  M
```

DOODLEBUG	MEGATHERE	NEUROPTERA
ECHIDNA	MICROGYNE	NEUTER
ERGATANER	MIRE	RAINFLY
EXUDATORIUM	MOLOCH	SIAFU
FORMICARIUM	MONOGYNY	WORKER
FORMICARY	MONOTREME	WRITHE
FORMICINE	MYRMECOID	
ITINERANT	MYRMICINE	

COUNTRY

```
B O T S W A N A Y A L A M C C
M A C E D O N I A N V Z U E O
N N U V K A Z A K H S T A N N
G O O T C H E T Y N P M J T T
C U S R O A S N R U O C P R R
Q M I L W S M I I O G R W A A
O R E D E A T P N A P Y T L B
B L V G E N Y R A A R M Z H A
S W I T Z E R L A N D K I O N
R F A G D L A E W D I A U N D
J Z T R A H H F K E A A W A F
C O U N T R Y W O M A N U O W
Q N W Z I N C S A V A G E X T
T E Y B T O I H T Z H H G S H
D W F Y L Q P K Y H J Y P U X
```

AUTOSTRADA	GUYANA	NORWAY
BOTSWANA	IMPORT	OLIGARCHY
CAMPANIA	KAZAKHSTAN	POINT
CENTRAL	KINTRA	SAVAGE
CONTRABAND	MACEDONIAN	SWITZERLAND
COUNTRYWOMAN	MALAYAN	UKRAINE
DANISH	NELSON	WEALD
GUIDE	NORTH	

MOM

```
F  L  I  M  A  Y  Y  D  E  D  J  H  W  H  H
W  I  S  P  Y  U  S  D  N  R  U  I  M  O  A
Y  Y  T  C  K  L  R  W  O  U  U  R  B  B  K
D  E  L  T  T  E  N  A  O  B  O  J  C  B  Y
R  O  T  A  T  C  I  D  D  L  Y  F  N  Y  E
G  W  B  D  X  H  E  V  Y  U  B  S  N  O  R
C  O  N  S  I  S  T  E  N  T  L  Y  U  O  C
P  R  I  N  E  S  C  A  P  A  B  L  E  B  C
W  A  L  D  M  A  T  R  I  L  I  N  E  A  L
T  Z  S  R  G  N  I  R  E  E  N  I  M  O  D
X  E  S  S  A  S  E  M  A  N  T  I  C  O  P
O  W  O  U  E  Y  R  T  S  I  H  P  O  S  X
O  V  E  R  P  R  O  T  E  C  T  S  T  Y  A
O  B  S  T  R  E  P  E  R  O  U  S  R  X  I
N  O  I  T  A  B  R  U  T  R  E  P  A  E  P
```

AURA	DISTRAIT	OVERPROTECT
BLOWSY	DOMINEERING	PASSE
BUSYBODY	HOBBY	PERTURBATION
CONFOUND	INESCAPABLE	SEMANTIC
CONJURE	MATRILINEAL	SOPHISTRY
CONSISTENTLY	MILF	WISPY
CRUD	NETTLED	
DICTATOR	OBSTREPEROUS	

CLOUD

```
A  L  C  S  M  C  D  Y  C  L  E  P  S  I  D
C  O  O  A  U  L  K  Q  L  O  O  M  O  K  G
D  U  R  S  R  L  I  W  I  A  R  A  I  N  N
E  E  M  A  O  R  U  F  F  T  M  G  O  M  S
S  N  L  U  E  R  Y  M  F  E  A  S  H  G  T
Y  R  C  I  L  T  E  A  U  Z  S  E  A  U  S
H  O  U  L  A  O  O  A  L  C  Z  T  R  I  O
J  G  G  D  O  T  N  A  T  U  O  E  O  H  M
A  U  H  N  U  U  E  I  T  E  C  R  N  O  T
I  E  T  L  V  Z  D  D  M  S  L  E  R  J  N
D  I  S  S  I  P  A  T  E  B  E  F  B  I  R
T  C  N  I  T  S  I  D  N  I  U  G  F  U  C
L  I  G  H  T  N  I  N  G  M  Y  S  G  U  N
S  U  T  A  R  T  S  O  B  M  I  N  D  U  P
R  E  K  A  M  N  I  A  R  D  K  D  E  K  S
```

AEROSOL	DISSIPATE	NIMBOSTRATUS
AOTEAROA	ENCLOUD	NUBECULA
CARRY	FESTOON	PUFFLET
CIRROCUMULUS	FILM	RAIN
CLIFF	INDISTINCT	RAINMAKER
CUMULONIMBUS	LIGHTNING	SMOG
DETAILED	LOOM	SUGGEST
DISPEL	MIASMA	THREAT

MAKING WINE

```
V A Y O Y T A S B C D I R T Y
Q O L R R S N R O R R F X Z C
U S U E T T O A P I Y B I X W
I K G V A E S O T S E C A Z X
E V S G R T K I H P R U B Y Z
T U Z K N A I S B C E P K X U
T E E W S I Y C A Y U C S C M
E L K N I W T R O B Y G X F R
D I S C O N T I N U E V Y E A
C F E T E R U T C A F U N A M
L U F N R U O M O X T A C S B
F I L M M A K I N G E A V X O
N O I T A M I T I G E L Q J O
P H O T O G R A P H I C T A Z
S S E L E N U T S A E Y J D E
```

ALEATICO	EXCEPTANT	QUIET
BASKETRY	EXCITING	RAMBOOZE
BISTRO	FILMMAKING	RUBY
CHOOSY	FIZZ	SWEET
CRISP	LEGITIMATION	TUNELESS
DIRTY	MANUFACTURE	VOUVRAY
DISCONTINUE	MOURNFUL	WINKLE
DRYER	PHOTOGRAPHIC	YEAST

RUGBY

```
B  C  S  P  E  E  J  L  M  L  A  O  G  C  D
D  L  A  D  F  T  M  P  Y  E  G  S  V  O  I
U  A  A  M  R  I  U  A  R  N  A  R  G  N  S
Z  Y  L  N  P  A  F  O  U  O  A  D  A  V  S
K  J  N  L  C  E  W  T  E  L  P  G  S  E  E
K  C  A  H  I  O  S  D  E  N  C  F  H  R  N
S  I  W  E  L  A  M  E  E  E  I  U  R  S  T
F  O  O  T  I  E  N  V  J  A  N  L  U  I  O
M  A  L  E  N  G  H  C  H  Q  S  L  G  O  U
Y  R  E  G  G  U  R  S  E  N  D  B  B  N  C
G  N  I  L  R  E  T  S  B  Z  N  A  Y  A  H
R  E  G  N  I  W  U  S  P  A  Y  C  I  C  D
U  F  F  D  O  T  S  R  V  A  L  K  S  K  O
F  R  M  B  G  W  I  J  Z  F  S  O  T  M  W
I  T  W  M  F  E  O  I  N  Z  D  Q  L  S  N
```

BLANCO	GOAL	PROP
CAMPESE	HACK	RUGBYIST
CONVERSION	JEEPS	RUGGERY
DALLIANCE	LEWIS	SEND
DISSENT	LINEOUT	STERLING
EDWARDS	LYNAGH	TOUCHDOWN
FIFTEEN	MALE	WINGER
FOOTIE	MAUL	
FULLBACK	MEADS	

AIRCRAFT

```
A A A E B E J E C T B E F K T
D C I I L A F A I R O M A I A
E A R R R S T E M K M P I T I
R R E O M W I T O E B E R E L
H E A H B A O A L W E N I U F
Y C V L K A I M P E R N N T A
R V N V F L T L A N A A G D I
Q Z S U I W U I S N I G N R L
S H E D P L H B C K L E T Q Y
R A N G E W F L P S I L G O R
G L A R E S H I E L D N A W B
R O T C I D R E T N I W P T D
K C A B H S U P U G M I H G S
D J B E A N A J P L V N T Z P
N M T E V X S S O F Z Y A L K
```

ACROBATICS	FAIR	PUSHBACK
AIRMAIL	FAIRING	RANGE
AIRWOMAN	FLARE	SHED
AISLE	FLIVVER	SKIN
BATTLE	GLARESHIELD	STALL
BOMBER	INTERDICTOR	STEM
BULKHEAD	KITE	TAIL
EJECT	MAIL	
EMPENNAGE	PUNCH	

PHOTO EDITING

```
A P E R T U R E A P O C O P E
D C A R E T F E A T U R E D N
G I U E G R U T A M A R D P U
I N D T I I K M I N V P S I T
N N I N T N N C I N P Z M Q S
D T D T A E E T A R Q X U U C
X J T E I C R V E B T Q D O A
R Z J K X D H B I N Y L G T P
S P L I C E E U I T S A E E I
M S I L A N R U O J A I P T N
M A G A Z I N I N G X B F T G
M E M O R I A L I Z E M L Y J
R E V A R G O T O H P X S Y J
P O S T E D I T I N G Q P H H
R E D A C T I O N M H H V F C
```

APERTURE
APOCOPE
CANDID
CARET
CUTTER
DRAMATURGE
EDITING
FEATURED

INDEX
INEVITABLY
INTENSIFY
JOURNALISM
MAGAZINING
MEMORIALIZE
NUTSCAPING
PAYBACK

PHOTOGRAVER
PIQUOTE
POSTEDITING
REDACTION
SMUDGE
SPLICE
TRIM

SCRIPT WRITING

```
A Z B P A R T P A L C O F G E
X N O M N O I S S U C S I D P
A D N D R T P I R C S E R X I
E M D O Y O E H M P W R I T S
Z X A O T S F R T U L D H M T
X G A R V A G I O G S A L V O
B V N R D C T R E P N H C G L
J C G O A B Q E A N M E H E A
M A B O M T Z X G P U E L N R
F O R E G O I N G Q H C T P Y
L A U G N I L O N O M I D X C
W A F F L E C O N W U J A V E
G R A P H E M E G V U L V P M
L A U D A T O R Y Y Z H J R W
Y G O L O T A M M A R G A D Q
```

ANNOTATE	ESCRIPT	LENGTH
BOND	EXARATION	MONOLINGUAL
CLAPTRAP	EXTEMPORE	MUSH
CUNEIFORM	FOREGOING	PLACE
DISCUSSION	GNOMOLOGY	WAFFLE
DRAMA	GRAMMATOLOGY	WRIT
DYSGRAPHIA	GRAPHEME	
EPISTOLARY	LAUDATORY	

TRAFFIC

```
E  A  M  P  H  O  M  E  T  E  R  B  E  L  T
C  Y  R  G  N  A  U  T  O  C  R  O  S  S  W
E  L  E  B  L  U  E  Y  S  U  B  P  E  E  R
N  D  O  S  C  R  A  W  L  P  B  H  V  P  U
T  P  E  S  T  D  A  S  H  C  A  M  U  D  J
R  K  M  L  U  A  E  A  S  T  B  O  U  N  D
A  O  C  U  A  R  C  G  R  O  C  E  R  Y  S
L  Y  U  O  J  Y  E  L  N  B  A  T  Z  I  E
E  H  U  T  L  M  A  Y  V  I  O  S  C  T  A
R  K  M  J  W  F  O  R  A  B  M  W  Y  W  W
Q  G  V  F  R  A  F  P  Y  L  J  R  K  V  A
B  A  K  N  A  B  I  H  Z  N  E  R  A  A  Y
L  U  F  S  S  E  R  T  S  O  K  R  U  H  M
E  Z  I  L  A  N  G  I  S  P  T  A  Q  O  P
S  U  B  S  E  Q  U  E  N  T  O  J  K  X  H
```

AMPHOMETER	CLOSURE	OUTWAIT
ANGRY	CRAWL	PEER
AUTOCROSS	DASHCAM	PHARMING
BELT	DELAY	RELAYER
BLUE	EASTBOUND	SEAWAY
BUSY	GROCERY	SIGNALIZE
CATSEYE	JUMP	STRESSFUL
CENTRAL	LOCK	SUBSEQUENT

COMIC BOOKS

```
L M P O L L E N I H C N U P B
L M A R S T A R K E Y Z H E I
O B U R A B O I F L A C K P N
Y M O E T T U R R E D I L I D
D H I O A I C F T O L B J S E
N B Q M K N N H F X H I V T R
S N C B E E E E E O O T P L Y
G A G S T E R H A T T F U E H
C I H P A R G Y T U T U F A L
M M D E P R E C I A T E M L Q
C A I N A M O I L B I B Y S Y
M O R G U E N E W S A G E N T
H C T E K S R E N O I T A T S
L U F E E G Q X G R H U J W N
O Y G J U N H J V T K K Y P B
```

ATHENAEUM
AUTHORIAL
BIBLIOMANIAC
BINDERY
BOOKER
BOOKERY
BUFFO
DEPRECIATE
EPISTLE

FLACK
FOXTROT
GAGSTER
GRAPHIC
LLOYD
MARTINEAU
MIME
MORGUE
NEWSAGENT

PILE
PRATCHETT
PUNCHINELLO
SKETCH
SMUT
STARKEY
STATIONER

MAPS

```
A N A C I R E M A E A M I P O
X S U I L E V E H R N Y T O R
B A C O L O U R E R D I D R O
N L F T T S M W E S T Y F T G
I O U O S N E A V R D X H F R
D R I E L I E R P B L L S O A
E I L T P I Y I U M F T C L P
N V N N U R F P D H A Q A I H
T E X S R L I Z O A C K L O Y
I R B L H D O N C C R A E I Z
T R E L I E F V T S O G H R S
Y M S R I R E D N A L O S F D
Z D L E L E C T R O G R A P H
E C N E G R E V I D C H X U B
K R I E G S P I E L W B F F S
```

AFFINE	FILOFAX	OROGRAPHY
AMERICANA	GRADIENT	PORTFOLIO
BLUEPRINT	HACHURES	RELIEF
COLOURER	HEVELIUS	RIVER
CONVOLUTION	HYDRA	SCALE
COPYIST	IDENTITY	SOLANDER
DIVERGENCE	KRIEGSPIEL	WEST
ELECTROGRAPH	MAPMAKER	

MOVIE

```
A A E C A M E R A P E R S O N
C F D I E R A C R E V A E L C
T T E E D K P D I E M O T E N
I E L N T D C L C T E P I C S
O R I T O A A I A A C D I G M
N T G I G I N B L Y P A A Q E
E H H T L N T G Q F P V D X L
R O T L O O I A A L L U P I O
M U R E R V K T C M K F A W D
J G M D I L R V T I H O U R R
E H F W F T H E M E D S I R A
Z T W S Y T R O H S S A R L M
N O I S S I M R E T N I R D A
R H A P S O D I Z E A E S E N
O Q C V O L Z H U K D S M Q Y
```

ACTIONER
AFTERTHOUGHT
BADDIE
CAMERAPERSON
CARE
CLEAVER
DELIGHT
DIDACTIC
EMOTE

ENTITLE
EPIC
ERADICATION
FLICK
GLORIFY
INTERMISSION
MADCAP
MAGNATE
MELODRAMA

PLAY
PULL
RHAPSODIZE
SETTING
SHORT
THEME
WORLD

SCIENCE

```
L U N A R I A N H B F D C T C
O S Y G K R N A M H T R A E O
V Y F R C R E R G O N O M I C
E N G I T U O H K V G S B P E
M E X C L E L W S U X U I R A
P C W U S K M T K O B Q S O N
R T O L L K E O I O K G T G O
G I D T E N N R M V O Q R R G
K C U U Y X M U X E A B Y A R
P V T R U T H J P W N T R M A
J I D E O G E N Y M D A E M P
Y R T S I T N E D V A A V E H
Y L L A C I M O N O C E J R Y
M S I L I S S O F H H J T P L
L I T U R G I O L O G Y C S W
```

AGRICULTURE
ANEMOMETRY
BOOKWORK
CAMBISTRY
CULTIVATE
DENTISTRY
EARTHMAN
ECONOMICALLY

ERGONOMIC
FILKER
FOSSILISM
IDEOGENY
KOSHER
LITURGIOLOGY
LOVE
LUNARIAN

OCEANOGRAPHY
PROGRAMMER
STEAMPUNK
SYNECTIC
TRUTH

MAGIC TRICKS

```
H  A  B  R  A  C  A  D  A  B  R  A  X  P  G
S  K  Y  N  O  R  B  T  F  A  R  C  S  O  Y
H  T  I  B  U  F  F  O  O  N  E  R  Y  W  W
P  O  C  S  G  C  Y  H  T  B  A  H  S  W  H
N  A  A  A  S  U  I  L  S  L  A  V  E  O  O
E  I  R  X  E  A  B  G  L  U  U  E  O  W  W
E  L  G  T  E  I  J  M  A  A  M  C  W  F  N
N  U  P  R  Y  R  D  G  U  M  C  I  C  J  A
V  I  Q  M  O  E  Y  Q  N  H  Z  I  M  O  G
U  L  E  N  I  M  N  S  T  R  E  N  G  T  H
U  C  W  R  W  S  A  O  Y  T  E  I  R  A  V
S  P  R  I  T  E  L  N  H  P  F  A  M  H  M
T  R  A  P  E  Z  E  H  C  T  I  W  N  U  V
S  P  O  I  L  F  I  V  E  Y  V  E  T  G  C
Y  P  P  A  H  N  U  B  A  C  D  R  O  Z  I
```

ABRACADABRA	MAGIC	SPOILFIVE
ACTS	MAGICALLY	SPRITE
BRONY	MUSH	STRENGTH
BUFFOONERY	NIGROMANCY	TRAPEZE
CRAFT	OCCULT	UNHAPPY
HOAXER	POWWOW	UNWITCH
HONEYTRAP	SHAB	VARIETY
HUMBUG	SIKH	
JASS	SIMPLE	

PEOPLE

```
H  C  Y  R  M  Y  K  N  N  X  S  Z  Q  J  N
D  S  H  S  E  G  D  E  G  N  V  U  S  O  U
N  E  I  R  U  P  R  E  D  O  C  L  X  I  M
W  N  S  M  I  B  O  O  L  L  L  U  Z  N  B
S  Q  Y  O  A  S  Z  D  I  L  E  O  G  T  E
Y  N  A  M  P  D  T  N  I  N  E  W  K  L  R
T  R  A  S  H  M  S  E  H  V  E  V  Z  Y  F
A  H  S  I  F  F  O  D  N  A  T  S  A  H  A
N  O  I  N  U  J  C  C  G  D  L  H  U  R  F
C  O  N  F  L  U  E  N  C  E  O  F  O  P  T
F  R  A  U  D  S  T  E  R  V  J  M  E  U  S
E  V  I  T  C  A  R  E  T  N  I  W  W  Z  M
O  V  E  R  P  O  P  U  L  A  T  E  B  L  O
S  U  O  I  G  I  T  S  E  R  P  U  G  H  U
E  V  I  T  E  R  C  E  S  H  S  L  E  W  I
```

AMISH	JOINTLY	STANDOFFISH
BUSY	KYMRY	TRASH
CHRISTENDOM	MANY	TRAVELLED
COMPOSED	NGOLOK	UNION
CONFLUENCE	NUMBER	WELD
DOPE	OVERPOPULATE	WELSH
EDGE	PRESTIGIOUS	ZULU
FRAUDSTER	SECRETIVE	
INTERACTIVE	SENIOR	

DANCING

```
P N G N I C N A D K A E R B C
E E O Y E T R O C P E I P U L
E L E I H F E O G O X A R S U
H P O R T P F D T N U D O K B
G M I I T I A U A A A P M L B
E Y S P R S B R S N L T E P I
F D N I N P G M G I E U E E N
N R A E L R A N A E O M C I G
H F U R K E O C I S R N O O K
A U T V E E L H T K C O R R J
H X C F L U J L M V R A H U P
G L H Y W Q Q R A V V E M C U
R S Y V F L E S T R T G W G G
C E M I M O T N A P A F J T U
B U L C T H G I N M B P V N E
```

AMBITION	EFFUSION	PARALLELISM
BREAKDANCING	HORNPIPE	PROM
BUSK	JOCULATOR	PROMENADE
CAPRIOLE	LEARN	ROCK
CHOREGRAPHY	MASQUERADE	STREEP
CLUBBING	NAUTCH	TANGO
CORTE	NIGHTCLUB	TWERKING
COUPEE	PANTOMIME	

MOON

```
N  J  E  D  I  R  S  C  A  E  K  A  U  Q  S
G  O  A  N  N  E  E  R  S  H  I  U  R  C  C
G  N  I  N  U  Q  D  U  T  G  T  E  A  J  S
Q  N  I  R  U  M  N  S  E  B  L  U  U  W  S
N  S  I  S  E  S  A  T  R  O  P  N  O  O  M
Y  Q  D  T  I  P  A  C  O  G  E  V  W  S  L
S  J  I  E  T  R  Y  C  I  T  P  I  L  C  E
P  G  H  P  T  E  K  H  D  Z  E  N  I  T  H
D  E  C  R  E  A  S  E  S  W  A  L  L  O  W
C  N  P  E  B  K  C  P  E  R  I  G  E  U  M
H  R  I  R  A  N  U  L  I  V  O  N  R  R  E
I  Y  I  B  N  O  I  T  A  R  U  C  S  B  O
H  Y  O  Q  U  C  A  Z  E  F  V  I  V  U  N
N  O  I  T  I  S  O  P  P  O  I  L  J  J  G
Q  U  A  D  R  A  T  U  R  E  L  F  O  Z  V
```

ASTEROID	MUNE	RISING
CRUST	NOVILUNAR	SEDNA
DECREASE	OBSCURATION	SETTING
ECLIPTIC	OPPOSITION	SOUTH
FALCATED	PERIGEUM	SWALLOW
HYPERION	QUADRATURE	ZENITH
JANUS	QUAKE	
MOONPORT	RIDE	

COOKING

```
A B R E W C C C S I L U O C T
E N I R C H A O D M S W Z S I
S T N X N A R P I R A T I W K
F P L A E N D P S N E R A N K
G R O B T A A E Z S I D K O A
J K Q T B T M R P N U H G B M
K C A H S K O O C I W R A E A
G A L A S A M U Q X Z J T T R
M R K O E K S I S T E R S G I
E X I M B H H E N A P O R P N
I A B L U P R E M M I K S F A
T R A I L E R J D A H Y C X D
V I I M X A P F R L J P O E E
W B S Q Q L D S T O C K P O T
Y P U T T A N E S C A L G L O
```

ANNATTO	GRILLADE	SKIMMER
BREW	KOEKSISTER	STOCKPOT
CARDAMOM	MARINADE	TAHINI
CHANA	MARK	TIKKA
COOKSHACK	MASALA	TOPS
COPPER	NIXTAMAL	TRAILER
COULIS	OATS	TRUSS
CRINE	PROPANE	
DREDGER	PUTTANESCA	

POTTERY

```
R E M U A B K G N A H S A D E
O G R R B N E I L O L W J I C
H R N A O O I L N A C Y M P T
A S U I W F L L L Z Z N X Y Y
N Y H C Z E I G L E I E A L P
D A S E S A T C P A E N R O E
M Y B S R O L A I O G K A N H
A O K T I D R G G L T L D V J
D I S M Y L L A B A A B P A Q
E V O S T R A C I S M C A R P
P U G G I N G P W H B I S N N
P O R C E L A I N O C V X I K
P O T S H E R D Q H C V X S M
U N D E R G L A Z E R L J H X
P X G Y E P O R D G S H Y T Y
```

AGATEWARE	GLAZER	POTSHERD
ANCON	GLAZING	PUGGING
BAUMER	GLOB	SHANG
BELLEEK	HANDMADE	SHERD
CALICIFORM	IZNIK	UNDERGLAZE
CHIAROSCURO	OSTRACISM	VARNISH
DIPYLON	PALISSY	YAYOI
ECTYPE	PORCELAIN	
GALLINA	POTBANK	

PERSONAL FINANCE

```
D  S  T  B  I  L  L  E  T  B  U  T  L  E  R
A  Y  O  E  B  R  E  E  D  I  N  G  G  Q  H
N  J  L  R  U  Y  N  N  A  C  P  N  U  U  A
E  U  E  L  E  Q  D  E  V  I  S  E  A  I  N
G  D  K  V  A  P  U  R  S  E  H  M  N  P  D
E  G  V  V  O  C  A  O  E  A  N  D  X  A  B
L  M  T  W  F  L  I  P  F  R  C  Q  I  G  A
D  E  Q  U  I  C  K  M  I  N  U  T  D  E  G
T  N  S  M  B  R  E  S  O  L  U  T  I  O  N
A  T  R  A  I  T  A  I  K  N  E  D  P  U  E
Y  L  E  V  I  T  C  E  J  B  O  P  R  U  S
S  P  O  N  T  A  N  E  O  U  S  C  A  D  R
U  A  E  S  S  U  O  R  T  C  L  A  E  H  T
G  X  V  B  M  R  S  Y  O  I  B  L  N  R  S
C  J  B  T  F  T  X  I  P  O  L  L  T  Z  G
```

BILLET	FOUQUET	RESOLUTION
BREEDING	GUANXI	RUPTURE
BUTLER	HANDBAG	SHAPE
CANNY	JUDGMENT	SPONTANEOUS
DANEGELD	LOVE	SUITCASE
DEVISE	OBJECTIVELY	TRAIT
ECONOMICALLY	PAPER	TROUSSEAU
EQUIPAGE	PURSE	
EROS	QUICK	

CASUAL DINING

```
A C X L K D H E C N A L G C M
N Q R E M I T C T E M R U O G
E G U U M S N U L H C T A L K
C L R A E H E O R I E L M F Z
D N N E K T D T O F F H A N D
O S U O T I U T R O F Y F A S
T P G S E I N E J I G R P H E
A N A N P H A D I K A A T R T
L P V T A O C W R N I P Y E T
M Y B M R L R N D E W G E F L
G I K L E I S T U A D O I R E
O V P H R X M H Y L E H T Y Q
T R A I N E R O N C L H N G F
W O M A N I Z E N A E G G J T
T R A J E C T O R Y T P P K Q
```

ANECDOTAL	HEADWAITER	SETTLE
AQUA	KINDRED	SLANG
CRUET	KLATCH	SPORTY
DISH	LUNCHEON	TIME
FILCH	OFFHAND	TOWNIE
FORTUITOUS	ORIEL	TRAINER
GLANCE	PATRIMONY	TRAJECTORY
GOURMET	REPAIR	WOMANIZE

EXERCISE

```
Z  B  I  O  M  E  C  H  A  N  I  C  S  G  G
H  U  T  E  F  F  U  B  P  I  H  S  M  L  R
F  I  M  B  U  T  T  E  R  F  L  Y  U  O  A
S  V  K  B  S  U  O  I  C  A  R  G  S  W  D
R  E  H  E  A  R  S  A  L  Z  E  S  C  T  U
R  E  N  O  I  S  S  I  M  M  O  C  L  O  A
I  N  C  A  U  T  I  O  U  S  B  J  E  N  T
P  N  G  I  E  R  W  R  Y  I  Y  P  B  E  I
G  I  R  O  A  D  W  O  R  K  S  D  O  F  O
T  N  T  S  P  E  L  L  I  N  G  N  U  G  N
G  H  I  Y  U  R  T  I  C  A  T  E  N  T  A
M  V  R  T  V  O  C  A  L  I  S  M  D  E  S
O  Q  H  O  A  S  U  G  L  U  V  G  V  E  D
H  C  T  A  W  K  T  B  V  R  X  B  B  P  A
G  C  D  V  V  E  S  C  Z  L  P  F  D  X  E
```

BIOMECHANICS	MUSCLEBOUND	THROW
BUFFET	PITY	TONE
BUTTERFLY	REHEARSAL	URTICATE
COMMISSIONER	REIGN	VOCALISM
GLOW	ROADWORK	VULGUS
GRACIOUS	SHIP	WATCH
GRADUATION	SKATING	ZUMBA
HIKE	SPELLING	
INCAUTIOUS	STUDY	

TRAIL RUNNING

```
A  M  N  R  D  Y  A  W  E  G  N  A  L  F  H
N  V  E  X  E  N  D  N  U  O  H  B  S  V  A
K  I  A  D  C  G  I  L  M  N  E  S  S  G  L
M  R  H  J  U  O  N  A  O  U  K  J  F  R  F
E  R  O  C  R  T  U  I  R  H  R  N  J  T  W
R  I  V  W  R  P  I  T  V  G  E  M  A  S  A
I  G  E  T  E  A  K  T  R  A  S  S  U  R  Y
D  A  R  R  N  S  E  D  A  U  L  O  U  R  Q
I  T  R  V  T  J  U  S  H  L  N  G  R  O  Y
A  E  U  H  P  S  F  O  E  N  A  L  P  G  H
N  K  N  T  H  U  M  P  H  E  C  I  U  L  S
Y  L  S  U  O  I  R  E  S  C  K  K  C  V  S
S  I  N  G  L  E  T  R  A  C  K  I  E  R  Z
N  I  A  R  T  Y  Z  L  L  R  L  O  P  W  P
P  Z  E  V  Y  E  R  G  Q  C  E  M  I  S  I
```

DECURRENT	LATITUDE	SEARCH
FLANGEWAY	LAVING	SERIOUSLY
GROSGRAIN	MERIDIAN	SINGLETRACK
HALFWAY	MURMUR	SLUICE
HOUND	NESS	SPIKE
HOUSEHOLD	OUTRUN	THUMP
HOUSEWORK	OVERRUN	TRAIN
IRRIGATE	PLANE	
JAVA	RANK	

STAR

```
C S V C A N A M L A P I X I E
E E I C U Y I R D E C E N T R
B D T X D I R U I H P O T G D
A R U U O I I T P S N D Y L L
D E E T S P L K A O E Q X I C
I C I T I D Y A S T R O I T E
A K L X A T A H S H Y E S C E
N G H B Y R L Y Q I H P T H C
V I V I D P C A S C T I A T D
E R O D O M M O C T A U R A S
I M M E R S I O N A M S D A
N U M E R O U S S P W R H L P
L L I B O T I U Q S O M I G K
G N I K L A T S J I O O P L C
S T A T E R A T S R E P U S Q
```

AIRILY	DAYSTAR	PYXIE
ALMANAC	DECENT	SOTHIC
ALTITUDE	GLITCH	STALKING
ARISE	HYPOXIS	STARSHIP
ASTROITE	IMMERSION	STATER
BADIAN	MOSQUITOBILL	SUPERSTAR
CETUS	NUMEROUS	VIVID
COMMODORE	OPHIURID	
CRATER	PIXIE	

SUGAR FREE

```
P L A T O N I C A L C O H O L L
B N P S B E T A I N E A F C S
Y E A A S E W V N M Z P L A U
S A E E S O V G V I O T A R C
L S W H L S I O E M A T N E R
P I E A I C O L R H V X A L V
E U G L E V C E T I N I F E D
H R R H T V E Z V T K Z B S S
A Q A G T L I D L H A T A S R
P E G P E S O G W X N B R P X
A G L R S E O J L A B W L Z G
E I P S R H A M N O S I D E K
M A N N O S I D E I P B C M T
O U T S P O K E N L I L T A X
S S E L R A G U S W B K B L H
```

ALCOHOL	FLAN	PLATONIC
ASSOIL	GIVEAWAY	PURGE
ATOMIC	INVERT	RHAMNOSIDE
BEEHIVE	JOLTLESS	SPARE
BETAINE	LIGHTSOME	SUCR
CARELESS	MANNOSIDE	SUGARLESS
CLEAN	OUTSPOKEN	TABLET
DEFINITE	PASS	

TABLE TENNIS

```
S  R  E  R  E  D  E  F  R  B  D  I  N  K  K
N  R  G  A  M  E  S  I  O  A  G  U  S  T  O
N  E  O  T  Y  R  H  D  S  C  M  S  Q  E  S
C  I  E  B  N  L  O  D  E  K  I  E  U  N  D
Z  E  Y  T  L  Z  R  L  W  H  L  R  A  N  I
Z  W  N  I  N  L  T  E  A  A  L  V  D  I  K
Y  Q  H  T  T  A  T  T  L  N  I  E  R  S  V
G  C  Y  U  I  W  C  R  L  D  A  T  I  T  L
D  R  A  O  B  G  N  A  B  Q  R  T  L  Y  C
E  T  T  E  H  C  R  U  O  F  D  E  L  W  B
D  E  R  D  N  U  H  A  T  I  E  C  I  L  S
M  A  R  G  I  L  L  I  M  B  C  C  O  X  F
D  E  T  A  L  O  P  R  E  T  N  I  N  L  C
R  E  T  E  M  I  L  L  I  M  X  C  O  Z  M
O  U  T  P  L  A  C  E  N  I  L  M  A  R  T
```

BACKHAND	GAME	ROSEWALL
BANGBOARD	GUSTO	SERVETTE
BORS	HUNDRED	SHORT
CANTEEN	INTERPOLATED	SLICE
CENTIGRAM	MILLIARD	TENNIST
DINK	MILLIGRAM	TIYIN
FEDERER	MILLIMETER	TRAMLINE
FIDDLE	OUTPLACE	
FOURCHETTE	QUADRILLION	

TREE

```
A I S O M R O R F A B O U G H
A R B O R E A L W P B P E R Y
O I R U D J U E E G A I L O F
G U A V A I A O L R U A E H S
R P L U M K N C N L E M Q C G
Q E K C I T S O K Y O I I Q R
Y U T D M J E F N F M M S R W
N A I S O R A N G E R U K O I
A I L C A W Q J I H E U S F T
F M A L K E I Q X L A L I Q M
T D R R I B L L W B E H Q T L
Q A N F T U E O L I X E R O Y
X C L E H S Q A Q O I W R Z V
B Z R E A M B D M K W M H T I
S T I N K W E E D G L Y Z X D
```

AFRORMOSIA	MOLLE	SHEA
ARBOREAL	NONI	STICK
BOUGH	OLEASTER	STINKWEED
CEIBA	ORANGE	STRAIN
DURIO	OSIER	TREELINE
EUONYMUS	PERY	UMIRI
FOLIAGE	PLUM	WILLOWY
GUAVA	QUICKBEAM	
JACKFRUIT	QUILLAY	

GOLF

```
A  A  B  A  C  K  F  B  U  N  K  E  R  R  M
C  P  I  W  E  H  L  F  G  M  A  Z  D  T  A
R  P  S  N  E  L  A  R  A  O  U  G  C  A  J
E  R  Q  O  E  R  G  Z  E  B  W  S  O  N  O
T  O  U  S  N  L  D  A  A  H  Y  F  I  H  R
C  A  E  D  R  S  S  E  E  R  C  T  J  C  Q
E  C  T  T  U  P  C  O  R  N  D  T  T  Z  Y
D  H  P  U  T  T  E  R  N  A  I  O  I  U  D
S  P  R  I  N  G  J  H  A  E  C  H  U  P  P
E  L  A  W  S  H  M  U  Y  T  V  S  T  S  X
M  T  B  E  V  L  A  O  J  J  C  O  Q  P  I
D  R  N  C  J  W  R  L  O  U  O  H  K  B  O
J  Z  E  F  I  V  X  O  V  V  Y  I  X  R  P
J  G  V  E  A  Q  Q  Z  V  E  K  C  R  J  P
V  X  S  E  O  Y  E  U  A  V  D  U  C  Y  S
```

ACRE	GOWF	PUTTY
APPROACH	HAZARDOUS	SCARE
BACK	HOGAN	SCRATCH
BAFF	MAJOR	SPRING
BISQUE	MUSIC	SWALE
BUNKER	NELSON	THIN
DREW	PITCHER	UNHALVED
EAGLE	PUTT	
FLAG	PUTTER	

ZERO WASTE HOME

```
D T G C O A C H L A I D R O C
I L I A Y P L K C H M I N U S
D Y E P M P O I P O R G A L S
D I L I S E U L R L S I A B J
L I L E F S T L A I G K A G H
E D V A M A E L T D L J L P I
M A A E P O Y C R A V A G E R
T R E E M I H L K Y W T A G E
P O T B H O D U L M E S P D C
U T B H Q P H A O A T C L R Y
D N A L R O O M T K S K A N C
E B E S C U H H M E Z G C Q L
J E A Y O Y M C U R P X E V E
R E D L O H E S U O H J W E I
A T N E M A T C E J E R J X J
```

AFIELD	HOMELY	RECYCLE
CESSPIT	HOMEVID	REJECTAMENTA
CLOUT	HOPHEAD	SALLY
COACH	HOUSEHOLDER	SLAG
CORDIAL	KILL	SWAT
DIDDLE	MINUS	THRUM
DILAPIDATE	MOORLAND	TREE
GAME	PAIR	
HOLIDAYMAKER	RAVAGER	

KIDS PODCASTS

```
E  O  B  H  S  I  M  A  E  B  C  L  L  O  D
A  C  A  B  L  A  C  K  B  A  L  L  F  F  H
R  H  N  E  U  M  T  F  C  W  O  U  E  R  A
N  O  D  A  L  I  R  S  H  I  W  W  V  U  N
E  R  A  O  I  E  L  O  A  H  N  Z  E  I  G
S  S  N  P  M  L  T  D  F  C  M  U  R  T  O
T  E  N  L  S  I  L  N  I  R  D  H  E  I  B
N  P  A  A  P  D  N  A  E  N  E  O  D  O  J
E  L  D  Y  J  X  W  E  U  I  G  P  P  N  E
S  A  U  F  G  U  C  F  E  W  L  S  E  H  C
S  Y  O  U  Y  D  O  S  O  R  P  C  K  C  T
Z  I  L  L  U  M  I  N  A  T  I  O  N  B  I
E  R  U  T  R  E  V  O  H  O  I  N  Y  R  F
R  A  T  I  O  N  A  L  I  T  Y  Q  G  H  Y
R  E  C  K  O  N  I  N  G  L  U  D  J  I  J
```

ALLIANCE	DOMINEERING	OVERTURE
BANDANNA	EARNESTNESS	PERFORM
BEAMISH	FEVERED	PLAYFUL
BLACKBALL	FRUITION	PODCAST
BUILDING	HANG	PROSODY
CLIENTELE	HORSEPLAY	RATIONALITY
CLOWN	ILLUMINATION	RECKONING
DOLL	OBJECTIFY	

RAIN

```
N  A  A  O  P  D  E  W  R  E  T  H  J  F  B
S  O  L  T  H  O  R  L  S  D  G  A  A  X  P
I  S  I  L  T  C  L  O  G  L  H  D  I  I  E
I  N  E  S  U  A  E  E  W  G  O  I  O  P  L
E  N  C  N  E  V  C  R  V  N  A  W  R  L  T
S  N  V  R  I  H  I  H  E  E  X  R  U  O  E
D  T  A  O  E  T  D  A  E  D  D  B  D  U  R
Q  I  O  R  C  A  H  A  T  D  Y  R  E  T  S
Z  Y  B  R  B  A  S  G  E  I  R  V  T  K  B
A  N  H  R  M  M  T  E  U  I  O  N  M  X  K
H  A  L  L  U  N  E  I  D  O  J  N  N  F  G
M  Z  L  V  B  T  V  M  O  Y  R  F  W  L  L
X  O  P  Y  E  K  N  O  M  N  N  D  U  T  F
R  A  I  N  W  A  T  E  R  G  C  B  B  V  C
R  E  T  S  E  W  H  T  U  O  S  F  K  Y  J
```

ADHESION	DROWN	PELTER
ALLUVIATION	HAIL	PLOUT
ATTACHED	INCREASED	RAINWATER
DERECHO	INVOCATION	RUDE
DEVELOP	LODGE	SLOW
DEWRET	MEMBRANE	SOUTHWESTER
DRAGGLE	MONKEYPOX	STORM
DROUGHTINESS	NULLAH	TURBID

EARTHQUAKE

```
I  I  E  A  B  E  T  L  Y  T  U  Q  D  E  R
N  R  S  G  T  E  L  L  O  E  H  F  I  A  E
E  O  M  C  D  T  F  K  U  A  K  W  S  R  S
R  V  I  U  H  I  E  A  C  A  D  A  T  T  C
T  O  A  S  Y  I  R  U  L  U  F  U  U  H  U
O  U  C  U  S  G  A  H  Q  L  B  J  R  Q  E
L  M  C  K  Q  A  K  Y  T  Y  Y  Z  B  U  S
L  Z  S  Z  C  H  P  C  E  R  S  C  A  A  U
R  E  T  T  O  T  T  M  C  V  O  F  N  K  F
S  E  I  S  M  I  C  R  O  V  R  N  C  Y  F
Y  D  C  U  M  P  W  V  A  C  N  U  E  I  E
H  E  F  D  I  M  P  O  V  E  R  I  S  H  R
I  N  T  E  R  V  E  N  T  I  O  N  R  F  I
M  E  G  A  S  E  I  S  M  Z  P  C  E  B  N
R  E  T  E  M  O  M  S  I  E  S  Z  P  I  G
```

BEFALL	IMPOVERISH	RESCUE
BUCKLE	INTERVENTION	ROCK
COMPASSION	ISCHIA	SEISMIC
DISTURBANCE	LOAD	SEISMOMETER
EARTHQUAKY	MEGASEISM	SUFFERING
EARTHQUAVE	NORTHRIDGE	SURVEY
FAULT	QUAKE	TOLL
GYUMRI	QUETTA	TOTTER

BEAR

```
S  D  N  O  I  T  A  C  I  L  P  P  A  Z  M
B  O  R  E  V  A  R  B  R  F  L  O  W  E  R
C  A  T  A  C  P  M  E  U  E  O  B  P  J  U
T  H  R  C  B  N  O  U  P  G  D  G  K  P  O
H  L  E  R  R  L  E  I  S  P  N  L  V  U  Y
C  B  B  C  E  A  A  I  N  T  I  V  E  S  U
J  Y  N  R  K  N  N  V  T  C  A  H  C  A  N
A  I  R  O  L  E  P  E  S  A  I  S  C  L  B
T  R  A  M  S  M  R  E  L  V  P  A  F  A  A
G  N  I  D  N  A  T  S  N  E  R  M  N  M  C
C  Y  C  L  A  M  E  N  P  I  S  G  I  A  K
E  D  U  T  I  T  R  O  F  O  S  Z  Q  N  E
G  O  L  D  E  N  R  O  D  F  T  R  W  D  D
Y  T  I  M  I  N  A  N  G  A  M  I  U  E  R
P  A  V  E  M  E  N  T  L  P  P  H  T  R  U
```

APPLICATION	FORTITUDE	SALAMANDER
BARREN	GOLDENROD	SATSUMA
BRAVE	IMPATIENCE	SELENARCTOS
CHECKERSPOT	MAGNANIMITY	SMART
CHIPPER	PAVEMENT	STANDING
CYCLAMEN	PELORIA	SVALBARD
ELDER	POINCIANA	UNBACKED
FLOWER	POPPY	URSINE

SALES SKILLS

```
E N P F T B L F F U U A O S T
O R O L L I T A L K B C P T E
Z T I I E L H W U A Y R E A A
X U N H T K T D L Q T O N V C
V F I E I I P O S T E B R E H
Y R E V G U S Y A L R A P S T
E W X A R N Q I M G D T W C E
C O P I N G I C U W U I E C A
F L A N K E R T A Q K C X R M
P R O F I T L R N C C S R D W
C O M P E T I T I O N A L X O
G M M S I L I T N A C R E M R
R U E N E R P A R T N I J L K
E V I T A L U P I N A M F V L
D E L L I K S I T L U M N W V
```

ACQUIHIRE	FLANKER	POST
ACQUISITION	FLAT	PROFIT
ACROBATICS	INTRAPRENEUR	STAVES
BILK	MANIPULATIVE	TEACH
COMPETITION	MERCANTILISM	TEAMWORK
CONTINGENT	MULTISKILLED	TILL
COPING	OPEN	VERY
EQUAL	PARLAY	

AGRICULTURE

```
N  R  N  A  G  R  E  S  T  I  C  X  B  N  E
L  A  E  E  Y  H  B  I  O  S  O  L  I  D  S
E  A  G  T  O  G  C  K  Y  R  Q  I  O  R  G
N  L  R  A  E  L  O  T  C  Q  N  M  I  H  E
Y  I  B  U  D  M  I  L  A  O  C  E  N  Y  O
D  H  A  B  T  M  E  T  O  C  H  B  D  D  P
N  H  P  M  I  L  E  D  H  I  N  S  U  G  O
X  G  V  A  O  D  U  N  H  I  B  P  S  E  N
T  L  M  T  R  D  B  C  A  P  C  O  T  O  I
P  M  A  W  H  G  W  Y  I  Z  O  G  R  R  C
D  I  R  T  E  M  O  E  G  R  O  E  Y  G  S
Q  U  A  D  R  A  T  E  C  Q  G  N  E  I  A
R  E  D  W  E  E  D  G  G  M  O  A  P  C  Y
G  I  B  B  E  R  E  L  L  I  N  M  R  A  T
H  U  S  B  A  N  D  R  Y  I  B  M  D  L  E
```

AGRESTIC	DIBBLE	LIME
AGRICULTURAL	DOMAIN	MENAZON
AGROBIOLOGY	GEOGRAPHY	NEOLITHIC
BIOINDUSTRY	GEOMETRID	QUADRAT
BIOSOLIDS	GEOPONICS	REDWEED
CATCH	GEORGICAL	SHOCK
DAGAN	GIBBERELLIN	
DEMETER	HUSBANDRY	

POLICE

```
I  N  S  P  Q  A  R  R  E  S  T  S  H  O  P
T  B  O  E  E  U  N  A  M  E  C  N  A  H  C
K  S  A  I  S  C  E  T  E  L  B  B  I  D  O
N  T  I  L  T  R  R  S  I  J  N  P  U  W  N
X  O  N  S  L  P  E  O  T  P  B  A  G  S  T
D  G  E  A  S  I  U  P  F  O  O  Z  E  E  I
R  F  A  P  M  A  S  R  S  P  R  L  F  A  N
I  R  L  K  N  L  D  T  R  I  A  E  I  R  U
R  O  T  A  L  L  O  C  I  O  D  C  B  C  E
H  J  N  H  I  K  R  R  B  C  C  P  D  H  E
X  A  K  C  Y  C  M  E  T  S  S  D  U  E  D
G  S  F  F  U  C  I  T  S  A  L  P  F  F  R
Y  C  I  L  O  P  Z  L  L  A  P  F  S  Z  O
T  C  E  F  E  R  P  E  O  Z  T  H  P  J  X
N  A  M  S  D  N  U  O  R  P  C  H  E  N  J
```

ANTIPOLICE	DIBBLE	PREFECT
ARREST	DISPERSE	PSNI
ASSIST	FORCE	QUESTORE
BALLISTICS	PATROLMAN	REDCAP
CHANCEMAN	PEON	ROUNDSMAN
COLLATOR	PLASTICUFFS	SEARCH
CONTINUE	POLICIAL	SHOP
CORRUPTION	POLICY	TASER

BASEBALL

```
A  R  T  V  E  S  O  O  H  C  G  L  W  J  M
T  E  E  O  A  M  O  E  I  A  D  A  U  E  M
H  X  K  D  O  H  A  H  O  P  P  E  R  O  J
L  P  Y  X  N  B  C  F  W  B  F  Z  Y  D  F
E  E  Z  R  G  E  G  R  O  U  N  D  O  U  T
T  R  Y  D  O  U  B  L  E  H  E  A  D  E  R
I  I  N  T  R  N  A  G  I  M  C  W  H  Y  F
C  E  I  R  I  E  I  R  U  A  A  N  T  H  M
S  N  G  Z  Y  L  P  M  A  L  N  E  U  E  F
U  C  H  Y  Y  V  A  P  G  N  S  W  R  P  C
U  E  T  D  Z  C  R  R  I  N  T  W  F  C  C
P  D  S  I  N  G  L  E  E  K  U  E  G  K  S
T  S  E  F  G  U  L  S  X  N  S  O  E  V  O
E  S  I  V  E  L  E  T  D  R  E  G  Y  H  F
L  S  U  C  X  C  L  T  U  B  F  G  I  G  K
```

ATHLETICS	FOUL	SCREAMER
BENDER	GENERALITY	SINGLE
BOOT	GROUNDOUT	SKIPPER
CHAV	GUARANTEE	SLUG
CHOOSE	HOPPER	SLUGFEST
DOUBLEHEADER	MINOR	TELEVISE
DRAG	NAIL	YOUNG
EXPERIENCED	NIGHT	
FAME	PUNCH	

AIRPORT

```
E R A L Y E L G E A S S U R E
N W E E E Z C U W D C S C T A
T P O T R G P A E A I J H A R
E H A L S A N R P M N S A X R
B M C C S O Q U E S X D R I I
B P A A Y N F L O S R S G I V
E Q V R O K U H G L T I E H A
C A V I S R S O X R O W A T L
E L D N A H P S H H T N I Y N
J Z W E L L A P Z L O W J C U
K J I E S C A L A T O R I H K
Y T E V I A N O U T R A G E M
N O I T U L L O P W I R F C C
S C H E M I N G S T A C K U P
T H R E S H O L D A G L U H M
```

AIRSIDE	FOSTER	PRESTWICK
AIRSPACE	GUARULHOS	SCHEMING
APPROACH	HANDLE	SKYCAP
AREA	HOUNSLOW	STACKUP
ARRIVAL	LOUNGE	TAXI
ASSURE	MARSHAL	THRESHOLD
CHARGE	NAIVETY	WAND
ENTEBBE	OUTRAGE	
ESCALATOR	POLLUTION	

MONEY

```
G  N  I  T  I  B  Y  C  D  I  N  E  R  O  G
D  R  S  K  J  R  L  T  O  D  N  E  L  K  E
E  E  E  U  A  S  E  H  N  F  I  V  B  U  L
F  T  V  L  O  P  V  V  H  U  F  O  S  R  D
O  D  A  I  L  I  E  V  A  S  O  E  X  U  O
S  R  G  L  R  I  N  Y  S  S  O  B  R  S  V
H  U  C  W  S  P  F  U  K  P  C  L  L  H  E
Y  B  S  I  U  Q  E  A  C  A  O  H  P  E  R
O  U  G  U  I  Y  A  D  I  E  H  R  Z  S  C
E  S  A  H  C  R  U  P  A  P  P  D  T  Y  H
S  U  O  I  R  O  T  I  R  E  M  M  Z  T  A
S  C  I  L  U  D  N  O  P  S  V  G  I  S  R
Y  R  A  I  D  N  E  P  I  T  S  B  Y  G  G
G  N  I  P  P  O  T  S  G  J  E  O  S  Q  E
N  O  I  T  A  X  A  T  Q  N  F  A  R  Z  I
```

BITING	KURUSH	SLATE
BOUNTY	LEND	SPLOSH
COFFER	MERITORIOUS	SPONDULICS
DEPRIVED	OUGUIYA	SPORT
DINERO	OVERCHARGE	STIPENDIARY
FILLER	PURCHASE	STOPPING
GELD	QUISBY	TAXATION
IMPECUNIOUS	SAVE	
KAPEYKA	SAVER	

FISH

```
B  L  B  D  F  F  D  N  O  P  H  S  I  F  G
J  E  L  R  I  I  I  I  E  E  E  P  L  P  A
U  U  T  I  I  N  S  S  D  O  J  O  A  E  S
Z  F  G  A  R  T  I  H  H  A  N  U  N  C  T
S  U  C  U  M  B  R  R  E  I  G  N  C  T  E
P  V  V  Q  L  R  C  I  P  S  N  D  E  I  R
I  D  A  C  S  A  L  V  Z  Y  L  G  T  N  O
L  S  E  I  N  E  R  Y  E  Z  C  K  F  A  S
O  D  I  S  A  D  A  M  O  P  A  Z  I  L  T
T  H  S  I  F  N  E  E  U  Q  D  R  S  Y  E
F  V  D  A  E  Z  C  A  P  O  B  D  H  X  I
I  S  I  L  L  A  G  I  N  O  I  D  U  A  D
S  N  K  O  Z  T  E  D  K  Z  F  I  I  R  P
H  P  R  A  Q  X  E  H  S  I  F  K  C  U  S
U  X  W  I  Q  P  U  R  A  I  I  H  Z  C  F
```

BETA	JUGULAR	RIZZAR
BRILL	LANCETFISH	RUDD
BRIT	MUCUS	SALTER
CYPRINID	NEON	SCAD
FISHES	PECTINAL	SEINE
FISHING	PILOTFISH	SILLAGINOID
FISHPOND	POMADASID	SUCKFISH
GADID	POUND	
GASTEROSTEID	QUEENFISH	

WRESTLING

```
A  R  A  H  K  A  B  P  I  H  C  F  F  S  Y
E  D  O  V  A  L  E  T  W  O  L  A  E  I  F
F  Z  L  D  W  T  L  X  Z  Q  I  L  U  D  A
A  J  I  O  U  Z  T  Y  K  M  N  L  D  L  K
W  N  F  L  H  J  Y  Z  L  B  C  A  L  E  A
N  O  I  S  I  V  I  D  H  H  H  T  F  L  S
E  D  C  Y  H  V  E  L  B  A  Y  O  J  N  E
N  L  U  L  A  C  I  T  S  A  N  M  Y  G  D
R  O  P  H  F  I  H  C  U  U  K  A  M  Y  B
R  F  S  P  R  E  K  A  M  H  C  T  A  M  F
U  T  Y  L  A  E  S  U  O  H  H  G  U  O  R
L  J  E  R  E  R  O  U  N  D  F  V  U  K  K
W  F  R  A  Y  N  G  N  I  L  T  S  E  R  W
D  L  O  H  E  L  G  N  A  R  T  S  U  K  T
U  N  D  E  R  C  A  R  D  X  R  Z  N  N  E
```

AKHARA	FEUD	NELSON
BELT	GRAPPLE	ROUGHHOUSE
CHIP	GYMNASTIC	ROUND
CIVILIZE	GYMNASTICAL	SIDLE
CLINCH	HOLD	STRANGLEHOLD
DIVISION	JUDO	UNDERCARD
ENJOYABLE	MAKUUCHI	VALET
FALL	MATCHMAKER	WRESTLING

NEW YEAR

```
C H A I T R E B O T C O K H H
A P R I L D N L A W W A H S A
X E D I V E R Z B A N N E R R
C X Z F I X E D N U R U R P V
L A C I T A B B A S J V A R E
M E T E L M A C K E R L W I S
R U V S D A E M O S A T E M T
R E I E I O U D O I Z O V E C
H E E N R O P N Q S I G V G C
W P N N N G M O N L Z Y Z J G
C G R E O E R R N A C F L M Z
S R X A W I I E Q O L E U H Z
T O E A F F P B E W M D F X K
N V R I O R I G I N A T O R G
M O N O E S T R O U S Y P Q I
```

ANNUALIZE

APRIL

BANNER

BIENNIUM

CHAIT

DIVER

EVERGREEN

FIXED

HARVEST

MACKER

METASOME

MOIST

MONOESTROUS

MONOPODE

OCTOBER

ORIGINATOR

PIONEER

PRIME

RENEW

RNZN

RURU

SABBATICAL

SHAWWAL

WILD

```
O Y X X Y I B C D D H R A E T
C C R N O A L R H E E G V X S
T H S A Y I I A U A M M K L W
L O O A I L N P N J I O R N B
N A P K B T D S T E P P N A Z
M A C K E R S P E R P E D I F
E U M I A C A E R R E K I P C
I L S D R E H B B U N G P L V
S A D H A E R E O U T L A W Z
C G D D R M T F R X V L Z N E
X V Z C A O V S D R Y W M X O
S K A R E C O D Y Z Y S W T E
D E D L I W S M F H T S E H C
K C I T S G I P E J L O M G J
S S E L E M A T M R D U F V Q
```

BARBASCO

BESTIARY

BLIND

CHOKECHERRY

CRAPS

DEMONIC

FARMED

FREAKPOT

HEMIPPE

HUNTER

HYSTERICAL

LYNX

MADMAN

MUSHROOMER

ONAGER

OUTLAW

PIGSTICK

PIKER

SCADDLE

SKARE

TAMELESS

TEAR

WILDED

Puzzle #78

HOSPITAL

```
N  A  M  B  U  L  A  N  C  E  H  D  U  H  Z
E  O  D  A  L  C  T  T  H  D  O  C  T  O  R
W  G  I  A  L  O  E  K  A  W  H  G  D  S  H
K  O  A  S  N  D  V  C  R  I  E  F  I  P  O
C  R  D  D  S  G  E  E  I  A  U  T  S  I  U
Q  I  E  N  N  I  E  B  T  P  P  B  S  T  S
T  O  I  W  E  A  M  R  Y  C  S  K  T  A  E
D  N  U  O  R  X  B  D  D  G  D  O  R  L  K
L  O  C  K  D  O  W  N  A  Y  A  A  H  T  E
C  O  N  D  I  T  I  O  N  N  E  N  J  Q  E
G  N  I  P  E  E  K  E  S  U  O  H  D  I  P
C  I  N  I  L  C  I  L  O  P  N  I  G  Z  E
P  R  I  V  A  T  E  E  T  H  E  A  T  E  R
E  D  I  V  O  R  P  Z  N  K  J  D  F  A  W
R  A  L  U  G  E  R  T  R  U  S  T  E  E  N
```

ADMISSION	HOSPICE	PRIVATE
AMBULANCE	HOSPITAL	PROVIDE
BANDAGE	HOUSEKEEPER	REGULAR
BEDLAM	HOUSEKEEPING	ROUND
CHARITY	LOCKDOWN	STEW
CONDITION	LOVE	THEATER
DANGER	NATION	TRUSTEE
DOCTOR	PARK	
ENDOW	POLICLINIC	

FILM MAKING

```
E  I  S  E  N  S  T  E  I  N  G  D  E  E  R
R  A  T  S  H  O  C  K  E  R  O  P  M  P  A
N  O  G  N  I  R  I  T  X  W  T  R  O  E  D
Q  Q  T  D  E  L  G  I  U  J  H  I  L  R  I
N  R  X  C  Q  M  C  A  M  K  I  N  L  S  O
G  N  I  T  A  L  U  C  L  A  C  T  I  O  G
Y  R  E  N  I  W  L  C  T  T  G  L  E  N  R
D  M  S  E  L  B  A  Y  O  J  N  E  N  A  A
E  L  B  A  M  L  I  F  T  D  L  S  T  L  P
Y  R  A  T  N  E  M  U  C  O  D  S  J  D  H
S  U  O  R  O  M  U  H  Z  H  B  Q  G  P  T
Y  F  I  S  N  E  T  N  I  R  P  S  L  H  O
Y  R  A  N  E  C  R  E  M  E  W  W  X  T  W
M  I  C  R  O  F  I  L  M  A  N  X  I  Q  M
P  R  O  D  U  C  T  I  O  N  O  R  C  E  O
```

ACTOR	GOTHIC	PRODUCTION
CALCULATING	HUMOROUS	RADIOGRAPH
DOCUMENT	IMAGE	REED
DOCUMENTARY	INTENSIFY	SHOCKER
EISENSTEIN	MERCENARY	TIRING
EMOLLIENT	MICROFILM	WINERY
ENJOYABLE	PERSONAL	
FILMABLE	PRINTLESS	

HISTORY

```
A Y R U B D A R B B C N Q Y K
C N K W P L E I S T O C E N E
A A A I R A B A T G C N N E D
S I L C R D E T O D C E N A I
S M L I I G R A D E E D G R O
U S T I F R Y B I C I U R L R
R P U P B O E W B P A U E Y A
E P Y A M O R M S S N M C K M
V P I J T D M N A A I V I F A
R E H P A R G O I B S I A W E
F O R M E R L Y T A M R N U H
E P I S T A T E S U N S M A B
H E O R T O L O G Y A A N H A
T S I G O L O R D N E D O G C
M E D I A E V A L I S T U W Q
```

AMERICANA	DENDROLOGIST	HEORTOLOGY
ANECDOTE	DIORAMA	MEDIAEVALIST
ASSURE	DUUMVIR	PLEISTOCENE
AUTOMOBILIA	EARLY	TABARI
BIOGRAPHER	EPISTATES	
BRADBURY	FORMERLY	
CALIFORNIANA	GRADE	
COCCEIANISM	GRECIAN	

BOUNDARIES

```
Y R R U L B T E N R A C I T Y
K R E T A N I M R E T E D I L
D R A Y E V A L C N E L L M I
N I A D G H G F V N P O O P N
T O R M N D E N E Z E D C R E
O I I E E U E R I H C E A E S
Y U U T C D O J M N L K T G M
U T T O A T N B H E I C E N A
X J L L V L I O M Z S L R A N
V W J L A E A V I V O O K T J
N C E W Z N R H E T P O D I J
I N B O U N D S J E A A S O K
O V E R L A Y I T R K C V N T
T R E S P A S S S E V O O A R
U N B O U N D E D H P H K L U
```

BLURRY
BOUNDARY
CARNET
CITY
DEMARK
DETERMINATE
DIRECTIVE
EDGY

ENCLAVE
HALATION
HERMES
IMPREGNATION
INBOUNDS
LINESMAN
LINING
LOCATER

LOCATION
LODE
OUTLANDISH
OVERLAY
OVERSTEP
TRESPASS
UNBOUNDED

JEWELRY

```
A A H A E R X O B I N I A H C
E M M K N P Q X E H D F F U A
G S B E N T O X Z M C N R Y R
Y N A E T A I R E P A N I E A
F T I R R H S Q L F J C U B T
U X I R P F Y U U H E V D P S
L V Y C R O I S O E S D G J E
G Y U C I A S R T I S T D C T
E K V L W R E Y M R N S W N T
N N I Q D C T L R A E O E E I
T E L E G A N C E H M V L G N
F I N E N E S S E H C E L E G
R A E W K C E N V L P C N I F
R E F I N I N G C U E Y G T S
V A L U A B L E S G E H Q N H
```

AMBER
AMETHYST
ANKH
ANTIQUE
BEZEL
BINDI
CAMEO
CARAT
CHAIN

CHRYSOPRASE
EARRING
ELECTRICITY
ELEGANCE
FELONIOUS
FINENESS
FIRMAMENT
FULGENT
JESS

NECKWEAR
PUNCH
REFINING
ROPE
SETTING
SILVER
VALUABLES

SALAD

```
A  B  H  C  A  N  T  A  L  O  U  P  E  L  X
Y  I  O  C  O  L  N  O  P  A  H  C  K  X  V
N  R  S  W  A  L  O  C  O  S  T  M  A  R  Y
N  O  E  O  L  E  E  B  S  S  E  R  D  A  R
E  O  I  L  R  E  R  S  M  P  W  C  F  N  I
S  S  I  L  E  B  S  B  L  A  R  C  J  C  L
H  L  C  T  E  C  M  I  R  A  R  E  H  H  L
A  N  E  A  A  D  E  A  A  A  W  A  G  I  E
R  E  K  R  R  R  N  T  S  N  G  T  C  X  T
D  D  C  P  R  O  E  A  T  Z  N  E  O  L  T
I  D  D  Q  G  O  L  M  D  E  Y  O  N  I  E
E  U  E  J  K  Q  S  E  U  I  U  D  Y  I  S
R  E  G  R  U  B  M  A  H  N  C  Q  F  A  V
M  I  C  R  O  G  R  E  E  N  E  I  O  H  M
O  T  N  E  I  M  I  P  U  Z  X  L  B  R  Q
```

AMBROSIA	COSTMARY	PIMIENTO
BOWL	DANDELION	RANCH
BREACH	DRESS	RILLETTES
CANTALOUPE	ENUMERATION	ROQUETTE
CARAMBOLA	ESCAROLE	SHARD
CELERY	HAMBURGER	SORREL
CHAPON	MAYONNAISE	VINEGAR
COLESLAW	MICROGREEN	

COMPUTER

```
D  S  B  O  J  U  D  P  E  N  O  L  C  E  A
C  N  R  C  L  R  N  R  I  P  A  G  E  R  H
Z  O  E  E  I  K  O  I  A  H  B  W  O  R  M
A  J  M  B  F  N  P  T  X  O  C  Q  B  O  R
H  G  L  P  A  S  O  S  A  O  B  Y  F  R  L
G  Q  K  H  R  G  N  R  F  I  N  G  E  R  D
Y  G  G  A  L  E  C  A  T  H  T  B  A  R  D
H  C  T  A  P  M  S  Q  R  C  H  I  Q  M  O
H  S  I  L  B  U  P  S  M  T  E  W  N  Y  S
E  C  N  A  D  R  O  C  N  O  C  L  Z  I  V
N  O  H  T  A  K  C  A  H  A  K  V  E  N  M
E  T  T  E  H  C  N  A  M  V  I  S  I  O  N
E  V  I  R  D  O  R  C  I  M  E  U  F  T  S
N  O  I  T  A  R  E  P  O  I  T  C  E  A  F
P  A  R  A  L  L  E  L  V  I  R  T  U  A  L
```

ABEND	HACKATHON	PATCH
BOARD	INITIATOR	PUBLISH
CHIP	JOBS	TRANSFER
CLONE	LAGGY	UNIX
COMPRESS	MANCHETTE	VIRTUAL
CONCORDANCE	MICRODRIVE	VISION
ELECTRONIC	OPERATION	WORM
ERROR	PAGE	
FINGER	PARALLEL	

FLORAL DESIGN

```
A E R O N A U T I C S B E F G
A M O R P H O U S O I R Y A R
Y D S D H C T E S R N A E N A
Y L E U E P C U V D N T L C I
N R T T O B M F F B O T E I N
E G T N S R M I Y I V I T F R
T S I E E E E E G S A S U U E
D S I S G G R M Y S T H U L C
L E I A E D N C A K E I P E E
C R R L R D A I E C M N J B P
S S Q O Y N R G T L E G P Q T
Z R T E L T H E Y N T D C W A
G V S Z D I S M V J O T O G C
S U O M I N A N U O N C A D L
E M O R H C O T Y H P M J W E
```

AERONAUTICS
AMORPHOUS
BRATTISHING
CONTINGENTLY
CORD
CRESTED
DODECAMEROUS
EMBED

ETCH
EYELET
FANCIFUL
GADGETRY
GIMP
GRAIN
INNOVATE
OVERDESIGN

PHYTOCHROME
RAISE
RECEPTACLE
STYLIST
TAILORED
UNANIMOUS
WATTLE

PAPER CRAFT

```
D O W N S D U M B D H A N D C
C R R L H C T I W W V V R A A
H E E A S S I G N A T I O N R
A C T I W Q M T A R M A G P B
L E R A B E E A A F Z B Z O O
O U L E L M F I T T I N G E N
U R F L W P O T C C S K E T S
P F R Z A Y R L H E H O S R E
E Q M V W S K E O G P B R Y C
H O R O L O G Y P C I S O E T
L I G H T N E S S P M E S O A
E S A H C R E P A P O K L Q K
P Y R O T E C H N I C C Z S V
Y R T S I H P O S H I F K M I
E C N A T S B U S H S I X B E
```

AEROSTATICS	DUMB	POETRY
ASSIGNATION	DWARF	PYROTECHNIC
CARBON	FITTING	SALLE
CHALOUPE	HAND	SLEIGHT
COLOMBIER	HOROLOGY	SOPHISTRY
COPPERPLATE	LIGHTNESS	SPECIE
CREW	MATCHBOOK	SUBSTANCE
DOWN	PAPERCHASE	WITCH

BUG

```
T  S  E  R  B  A  I  C  I  L  A  G  H  P  P
G  B  U  G  A  B  O  O  C  T  Z  L  E  H  I
F  N  A  L  E  U  H  C  N  O  C  I  M  Y  C
E  I  I  T  W  P  T  K  Y  L  B  T  I  M  K
I  S  R  E  S  P  I  C  I  L  Q  C  P  A  S
S  N  O  E  B  E  N  H  Q  P  F  H  T  T  E
O  M  S  N  B  F  P  A  S  C  D  E  E  I  R
K  B  D  E  E  U  G  F  L  W  O  C  R  D  V
A  P  E  N  C  N  G  E  Y  X  O  K  A  I  E
T  I  G  E  R  T  O  R  U  W  O  L  N  R  F
U  E  D  I  C  I  T  C  E  S  N  I  L  U  S
F  I  G  E  A  T  E  R  B  R  U  T  R  E  P
H  O  M  O  P  T  E  R  A  N  U  B  L  S  F
G  N  I  T  A  T  I  R  R  I  K  G  V  A  D
M  Y  C  E  T  O  M  E  R  S  D  R  E  P  G
```

BEING	FIREFLY	NEPA
BREST	GALICIA	PERTURB
BUGABOO	GLITCH	PEST
COCKCHAFER	HEMIPTERAN	PHYMATID
CONCHUELA	HOMOPTERAN	PICK
CONENOSE	INSECT	SERVE
FELLOWSHIP	INSECTICIDE	TIGER
FIGEATER	IRRITATING	
FIREBUG	MYCETOME	

SHARK

```
B  S  S  R  S  E  L  L  E  S  I  O  M  E  D
E  F  U  P  E  R  F  A  R  Y  X  P  K  P  W
N  L  I  N  H  G  E  O  T  E  A  G  N  A  P
C  H  A  S  I  Y  I  P  X  A  M  H  R  D  M
H  G  U  S  H  H  R  T  S  F  G  O  T  T  B
L  Z  C  M  M  K  R  N  Q  A  I  Y  H  S  G
E  J  S  P  A  O  R  O  A  F  L  S  O  Q  G
Y  K  Y  F  R  N  B  A  T  O  W  C  H  U  K
M  A  K  A  R  A  T  R  H  E  L  B  M  A  R
A  K  A  E  X  O  H  I  A  S  C  A  K  L  R
E  T  I  L  L  Y  C  S  N  N  W  X  D  I  D
D  I  N  I  H  R  O  I  L  Y  C  S  V  F  M
S  H  A  G  R  E  E  N  Y  K  A  H  Z  O  R
S  W  I  N  G  L  E  T  A  I  L  U  X  R  E
V  E  N  T  R  A  L  X  F  F  N  M  X  M  H
```

BENCHLEY	HOMER	SHARK
CETORHINUS	HUMANTIN	SHARP
CLASPERS	MAKARA	SPHYRNA
DEMOISELLE	MAKO	SQUALIFORM
ELASMOBRANCH	PANGA	SWINGLETAIL
FISH	RAMBLE	TIGER
FOXFISH	SCYLIORHINID	VENTRAL
GATA	SCYLLITE	
HAYE	SHAGREEN	

ONLINE SHOPPING

```
A  I  D  E  P  I  K  I  W  B  O  O  T  B  F
N  Y  N  I  S  N  U  P  J  E  Y  P  J  U  O
M  O  T  B  N  U  E  I  V  E  E  R  N  G  R
A  E  H  I  O  T  O  W  B  L  P  V  I  G  U
L  C  T  T  N  X  E  R  S  I  H  Z  O  Y  M
V  O  O  A  A  U  E  M  G  N  T  S  O  P  W
E  S  D  V  V  G  M  D  P  E  P  U  S  H  E
R  F  B  U  E  E  O  M  A  E  M  A  P  S  B
T  J  M  R  E  R  R  L  O  R  R  J  K  T  I
I  A  O  X  M  S  S  S  B  C  T  A  Y  B  S
S  G  U  K  X  I  P  H  E  M  F  L  N  Z  O
I  N  O  M  E  N  C  L  A  T  U  R  E  C  D
N  L  P  O  S  U  B  S  C  R  I  B  E  V  E
G  E  N  I  M  R  E  T  E  D  E  R  P  D  T
S  L  A  C  K  T  I  V  I  S  M  R  Y  D  G
```

BEELINE	INTEMPERANCE	PSEUDO
BLOGATHON	MALVERTISING	PUSH
BOOT	METAVERSE	SLACKTIVISM
BUGGY	NEWS	SPAM
COMMUNITY	NOMENCLATURE	SUBSCRIBE
FORUM	OVERSHARER	TRADE
GROUSE	POST	WEBISODE
INBOX	PREDETERMINE	WIKIPEDIA

FOOD

```
T D E N I R B L D C H U C K H
F N E N O R Z V U H A L P I O
E A E E O I A B C E R U A N M
T T N I S R T M K E D A C S I
V E A C R D I C A R E U K T N
K X E C Y E R D E L R D I A Y
Z G W W I Q P I I F A G N N S
A A S M S T A A B R N C G T O
C O M M I S S A R Y G O E I H
R O A S T L T A Z K N Q C Z Z
S N A C K Y K O M U V A F E T
G S J N H V M F D E C H N J D
E Z K U Q S W Q U G R N H A K
P R E D A T O R Y L Y R N X Y
M O N O P H A G O U S M Q Z C
```

APERIENT	DUCK	MONOPHAGOUS
BIRDSEED	FANCY	PACKING
BRINE	GRIDIRON	PREDATORY
CALAMARI	HARDER	REMASTICATE
CHEER	HOMINY	ROAST
CHUCK	INSTANTIZE	SNACKY
COMMISSARY	LUAU	STODGY
CONFECTION	MILKFUL	SWEET

WEDDING PLANNING

```
Y  A  B  M  Q  X  B  R  E  C  N  A  D  N  P
B  L  F  R  U  T  L  E  N  G  R  A  V  E  D
I  U  E  O  I  I  A  E  S  C  A  R  G  O  T
M  L  T  T  O  D  M  N  E  D  L  O  G  P  S
P  K  L  T  U  T  E  A  Y  T  S  A  H  A  Y
R  E  O  I  O  L  P  Z  L  O  K  T  R  R  S
O  N  T  O  F  N  O  U  I  A  K  S  L  S  F
M  H  H  A  L  N  H  S  D  L  H  P  H  O  S
P  U  U  C  T  O  I  O  B  D  L  T  Q  N  P
T  R  A  I  N  I  W  U  L  A  L  A  I  W  G
U  G  B  J  N  B  D  X  I  E  A  E  G  P  X
Y  O  B  E  G  A  P  E  T  F  B  I  Y  C  E
X  W  A  E  V  I  T  A  M  R  O  F  R  E  P
E  L  D  D  O  C  Y  L  L  O  M  P  A  H  J
N  E  C  E  S  S  A  R  I  L  Y  E  Y  V  I
```

ABSOLUTELY	ESCARGOT	NECESSARILY
AFOOT	GOLDEN	PAGEBOY
BLAME	HASTY	PARSON
BRIDEZILLA	IMPROMPTU	PERFORMATIVE
BUTTONHOLE	INFILL	PUDDLE
DANCER	LOOK	TRAIN
ENGRAVED	MEDITATE	
EPITHALAMIUM	MOLLYCODDLE	

MONKEY

```
L  B  A  B  O  O  N  D  R  U  M  H  G  E  M
I  D  R  E  N  I  H  R  R  A  T  A  C  N  A
G  C  O  U  R  L  E  M  A  H  A  N  Q  T  N
I  Y  U  G  H  U  O  U  R  O  T  U  U  E  D
A  E  F  O  I  E  M  T  Q  O  N  M  H  L  R
S  G  H  Y  D  M  N  E  O  A  T  A  L  L  I
J  I  S  C  E  I  E  I  L  N  C  N  P  U  L
S  I  X  O  A  K  R  D  R  I  G  A  E  S  L
T  L  H  Y  J  T  N  I  M  A  A  D  M  T  R
U  O  J  A  P  A  S  O  M  O  U  P  M  U  S
P  U  G  G  I  S  H  U  M  I  K  O  M  M  B
W  R  E  N  C  H  T  Z  M  Q  A  N  S  I  N
P  L  A  T  Y  R  R  H  I  N  E  S  F  R  S
H  F  E  Y  Z  D  B  Y  K  C  K  Z  H  M  B
U  P  E  A  Z  H  C  P  Y  N  A  L  P  O  H
```

BABOON	LIGIA	PUGGISH
BRUH	LOTONG	PYXIS
CATARRHINE	MACAQUE	SAIMIRI
DEMIGOD	MAHA	SAPAJOU
DOUC	MANDRILL	SIMPAI
DRUM	MONKEYFY	STENTOR
ENTELLUS	MUSTACHE	WRENCH
HANUMAN	OUARINE	
LEMUR	PLATYRRHINE	

WINE MAKING

```
G  S  B  O  U  Q  U  E  T  C  D  X  K  T  U
C  R  A  A  N  G  Z  W  F  A  A  A  Z  Z  U
A  H  E  A  I  O  N  H  P  V  K  X  O  X  U
J  N  E  B  D  N  I  I  J  A  X  C  D  L  I
G  U  E  V  S  N  A  T  Y  F  I  N  I  N  G
N  J  J  G  I  I  I  M  A  T  B  J  K  R  F
M  G  Q  F  A  S  N  B  O  V  P  C  Q  X  P
K  R  C  P  G  L  A  N  T  C  A  M  V  U  F
R  E  H  S  A  M  I  N  A  N  L  R  E  V  N
P  R  O  S  E  C  C  O  C  H  E  A  G  A  U
O  E  N  O  M  A  N  I  A  E  O  I  C  E  Z
G  O  O  S  E  B  E  R  R  Y  Q  J  G  E  D
E  V  I  S  I  C  E  D  N  I  L  N  N  U  D
N  O  I  T  A  M  I  T  I  G  E  L  I  Q  M
P  I  A  C  E  V  O  L  E  D  W  M  Y  D  A
```

BINDAAS
BOUQUET
CAVA
CHEVISANCE
DECALCOMANIA
DEGRAVATION
EMPTYING
FINING

GOOSEBERRY
INDECISIVE
JOHANNISBERG
LAGENA
LEGITIMATION
LOAD
MASHER
MUGIENT

OENOMANIA
PIACEVOLE
PRICK
PROSECCO

VIOLIN LESSONS

```
S  A  E  C  N  A  N  O  S  S  I  D  J  P  T
E  C  N  G  F  E  A  T  H  E  R  I  N  G  Q
L  S  H  Y  A  K  C  A  B  E  L  D  D  I  F
R  E  I  N  M  B  I  N  T  E  R  L  A  R  D
L  E  P  C  I  O  B  A  R  R  O  G  N  A  T
Z  E  D  S  R  T  R  A  D  E  E  P  I  W  X
W  M  C  A  O  E  T  E  C  N  T  C  L  K  G
I  T  U  T  E  G  X  K  T  G  A  C  O  O  U
V  H  O  T  O  L  K  E  E  N  S  K  E  R  J
N  K  L  E  A  R  E  D  A  C  C  A  S  L  D
L  U  N  C  H  T  I  M  E  T  H  G  U  A  T
X  Y  P  E  R  S  I  S  T  E  N  C  E  Y  M
L  O  O  H  C  S  P  O  S  C  R  A  P  E  R
S  E  S  S  I  O  N  O  N  I  D  R  O  S  H
N  O  I  T  A  E  R  C  E  R  F  C  V  Y  E
```

ANYMORE	LECTERN	SCHNITTKE
CABBAGE	LECTOR	SCHOOL
DISSONANCE	LUNCHTIME	SCRAPER
EXERCISE	MASKANDA	SESSION
FEATHERING	MUTATION	SORDINO
FIDDLEBACK	PERSISTENCE	TANGO
GOSPEL	RECORD	TAUGHT
INTERLARD	RECREATION	
LEADER	SACCADE	

PRESSURE COOKER

```
C   A   K   C   E   D   E   T   R   E   X   E   Z   J   L
D   I   T   C   U   N   E   M   T   L   E   F   Z   J   E
H   E   R   T   A   T   O   A   B   Y   R   R   U   H   V
I   C   P   A   R   R   T   L   D   R   T   F   O   L   E
S   S   Y   R   B   I   C   E   C   E   A   D   U   D   R
X   H   O   S   E   O   T   S   R   Y   G   C   N   K   V
V   O   E   T   P   S   N   I   Y   T   C   A   E   N   W
H   M   E   Q   H   O   S   R   O   A   H   Q   W   L   U
R   A   B   A   G   E   M   U   E   N   W   R   P   S   D
T   N   E   I   D   A   R   G   R   T   I   E   E   F   D
S   U   P   P   O   R   T   M   T   I   L   O   D   A   O
C   I   T   A   T   S   O   P   Y   H   Z   A   J   I   T
I   N   F   L   E   X   I   B   L   E   Y   E   G   O   S
P   R   E   S   S   I   N   G   N   E   S   S   D   I   K
L   A   C   I   T   A   T   S   M   C   D   Y   R   P   B
```

ALTERNOBARIC
ATTRITION
CRACK
CUTTER
CYCLONE
DEAD
DEPRESSURIZE
EMBRACE
EXERT

FELT
GRADIENT
HURRY
HYPOSTATIC
INFLEXIBLE
ISOTHERM
LEVER
LOFT
MEGABAR

PRESSINGNESS
PSYCH
SIDEWAYS
STATICAL
SUPPORT
SWAGE
THREAT

SOLAR ENERGY

```
A  B  L  O  O  M  Z  B  S  S  E  R  P  E  D
I  C  R  E  V  I  L  A  I  N  P  U  T  S  Q
E  M  T  E  F  T  R  R  C  P  A  N  S  W  V
Y  N  P  I  W  I  M  N  K  I  H  K  X  A  I
Q  R  E  U  N  O  L  S  E  M  N  M  E  N  V
H  B  A  R  L  O  P  T  U  K  F  A  R  K  A
X  U  L  E  G  S  G  O  Q  B  C  J  G  O  C
N  Q  A  J  W  E  E  R  R  M  S  I  C  R  I
X  F  C  Y  S  T  T  M  A  D  K  T  U  C  O
Y  T  I  N  I  F  N  I  V  P  Y  C  O  Q  U
R  E  A  C  T  O  R  N  C  V  H  H  E  R  S
I  J  M  C  K  V  W  G  H  S  Q  E  Y  V  M
Y  R  A  L  A  C  R  E  T  N  I  J  C  Q  J
P  H  O  T  O  V  O  L  T  A  I  C  M  M  L
H  S  I  G  G  U  L  S  T  R  U  G  G  L  E
```

ACTINOGRAPH	INPUT	SLUGGISH
BARNSTORMING	INTERCALARY	SNAP
BLOOM	LIFE	STRUGGLE
DEPRESS	LIVE	SUBSTORM
ENERGETICS	ORGANIC	SWANK
HYDROPOWER	PHOTOVOLTAIC	VIVACIOUS
IMPULSE	QUICKEN	WEARY
INFINITY	REACTOR	

HALLOWEEN

```
N  E  E  W  O  L  L  A  H  S  L  C  G  S  G
D  A  U  T  U  M  N  A  L  A  A  U  N  U  Z
B  E  G  C  F  P  U  S  O  M  X  Z  O  C  U
H  E  T  N  U  E  D  Q  T  H  X  Z  W  H  O
S  C  J  T  I  R  S  E  H  A  L  L  O  W  G
S  R  T  E  O  S  M  T  T  I  S  Q  D  I  S
U  I  J  I  W  L  I  U  I  N  J  H  N  N  U
D  G  F  D  W  E  L  U  D  V  U  H  T  C  S
R  E  S  I  U  G  L  A  G  G  I  A  L  R  P
C  A  D  A  V  E  R  O  U  S  E  T  H  E  E
F  U  R  T  I  V  E  L  Y  R  O  O  Y  D  C
E  L  B  A  L  U  C  L  A  C  N  I  N  I  T
E  T  A  C  U  D  N  A  M  V  N  T  G  B  L
N  O  I  T  O  P  S  U  B  S  E  T  U  L  S
S  A  F  E  G  U  A  R  D  T  P  O  X  Y  O
```

ALLOTTED	GUISER	POTION
AUTUMNAL	GUISING	SAFEGUARD
BEJEWEL	HALLOW	SAMHAIN
CADAVEROUS	HALLOWEEN	STASH
CURMUDGEON	HAUNTED	SUBSET
FESTIVITY	INCALCULABLE	SUSPECT
FURTIVELY	INCREDIBLY	WITCH
GHOUL	MANDUCATE	

BIRTHDAY PARTY

```
Y T Y L L U F W A E V R Q C E
T L N D E A G A G S K F I E L
P E L A I V R E L S Y A A I E
O B U A L S I E N L D Q C L C
S P T Q U L T T B I F F A I T
S W M O N T E R S I T G N D I
E D C C C A C P I E L I C H O
Y V I R P O B A P B F E V M N
C E N T R I S T G A U X C E E
E T A L U G E R E D Z T Y Z E
H O S T I L E Z C O H E E B R
R E V O E R O M D X U R E D O
D E T A G I L B O W K N T Y W
P A R T I A L G T C M A L R F
R O I S T E R E R W O L L E Y
```

ACTUALLY	DISTRIBUTED	MOREOVER
APPELLANT	ELECTIONEER	OBLIGATED
AWFULLY	EXTERNAL	PARTIAL
BANQUET	FALL	POSSE
CAKE	FESTIVE	PRIVY
CEILIDH	GENITIVE	ROISTERER
CENTRIST	HOSTILE	YELLOW
DEREGULATE	LIBERAL	

CHARGING

```
P H O T I A N T N U O C C A M
Z E C C C M I E F D I V S L I
H T G H L R U N G I A Q P Z S
H I I R A A I I D O R E Q Z C
C S M L A R W M M U S D L P H
D G X P B H G B E E C A R S A
V A L V E M C E A K E T G C R
G N I D N A L N R C J R I U G
E V I S U L C X E W K X F O E
M B E L J V Y H D D W D G A N
Q B H F D T N E M T C I D N I
X E V I S N E P X E N I Y I A
D E C I R P R E V O N G X H L
R E C I B I E N D O V T G R W
G N I N I L D E R Q M Q L G K
```

ACCOUNT

BLITZ

CHARGE

CHARGER

CLAWBACK

CRIME

DRIFT

EXCLUSIVE

FREEMIUM

GASOGEN

IMPEACHMENT

INDICTMENT

INDUCTION

INEXPENSIVE

LANDING

LEAD

MISCHARGE

OVERPRICED

PHOTIAN

RECIBIENDO

REDLINING

VALVE

SPORT

```
R A E W E V I T C A H Z B S K
N A C I R E M A L L A V U Q A
B U L L F I G H T I N G Z U T
O J E S T L F R A T C H K A T
F R T T R R O I N U J P A S S
M U U S S O P G E Y K B S H Q
E O A D I I N R T T L S H V S
I G V L N L L I E O O N I X E
M B N E G E A L M S O M G L G
H X N V W N M D A Q E F O U P
R E S O R T A I E D X R W R I
S C R A T C H L Q M E A V Q P
T S I T U H C A R A P M Q E Y
T N E S E R P E R G N I I K S
S P E L E O L O G Y J W I I Y
```

ACTIVEWEAR	JUNIOR	PRESERVE
ALLAMERICAN	LANGLAUF	PROMOTE
BULLFIGHTING	MEDALIST	REPRESENT
BUZKASHI	MEDALLIST	RESORT
ENDURO	MINOR	SCRATCH
FOOTGOLF	MOVE	SKIING
FRATCH	PARACHUTIST	SPELEOLOGY
JEST	PASS	SQUASH

PARTY
Puzzle # 1

```
G E D E C C A B E U L B   S D
C N N C I R C U L A T E   A O
P O A O P T Y O E O     C M
P O N T D O S R O D W     H I
  M S V N R L I A V I O   E N
    U S E I E I L M I S U M A
      T E R M G T U I H   T N
        S   S O N I P R S   T
R E U S R U P I U A C O P
E V I D E N C E O K R I P
E D I L S D N A L N   T A
R O N I A R T S I D   S N
R E E N O I T C E L E
R I G H T I S T
E S R E V A R T
```

HOME
Puzzle # 2

```
Y T H G I L B A E R T S A H H
B F L O O D   U S O B O H O O
  I H O C K E Y S H       N M
    R E V A E L E T R     E E
      C O V E R   S H A     M
N W O R G E M O H   N E M   A
D N U O B E S U O H   A A   K
H O U S E W A R M I N G M D I
I L A N D S T U R M       N
E K O R P H A N P A N E E R G
  C E O U T W A R D
    N B S S E L F O O R
      I A V I S I T O R
        S N
      R E L L A B R E K N I S
```

SHEEP
Puzzle # 3

```
L E N A B T Y C C D     M C
G I L E P K S A I O R     A A
  A N T S I I A W L R E   N R
    L C T A M A L A O E H A A
      L O A E P R B K C   D C
        O L C R     L A U A U
O V I N E W N   G     L E B L
S T R A Y   S       E R
D I R P A C I V O       T B
D L O F N I P D R A L L O P S
S H E A R I N G T R A T T L E
E T I B P E E H S I U Q N A V
E C N A M U H S N A R T
```

CYBER CRIME
Puzzle # 4

```
E A T T A I N D E R       F I
E N L I A M K C A L B       I N
L T O Y L L A N I M I R C N F
N U A T H O M I C I D A L E A
R O F R A Y C N E C E D N I N
R O I D E L B A I P X E N I T
  O B T A D K I D N A P     I
    U B U E E C I L O P     C
      G E C R F R         I
      H R E D N E         D
        Y X   O I         E
T I M M O C E R E   C D
M A L E F A C T O R     L
E S O P S I D E R P     O
N O I T A T I C I L O S     S
```

DOLL HOUSE
Puzzle # 5

```
A W O L A G N U B F R A T E R
P E     Y       A T E P P O M
P   G     R M U T E M L A P
O     A T A E S Y R T N U O C
I   M G   P G T E   A
N T M O O R N U G I P   H
T T E     O U   P O L A   C
H O   L     R B   P D P P
H O U S E B R E A K Y   S
  L U   S   E S U O H D A M
  S S     U     U
  H   E     O   M O S Q U E
  E     T     H     H
  D   D R O L D N A L
          P
```

FASHION
Puzzle # 6

```
B C Y S R E V O R T N O C F R
L E A E N L R E L G N A F A A
O I T T N I E U F O G E Y S N
G T S A W O K D T D N I K H D
G U R S E A D S O U G     I O
E R R O O R L   A N O E   O M
R N   E S F C K   G   C U N
G N I K C A P   E   I   Q
        E       R   L     S
Y L E P A H S S H U F F L E
E L D D O T   S       A
N O I T C E R R U S E R   G
Y L G N I R E P A T
T N E R A P S N A R T
```

TOY
Puzzle # 7

```
O L B B G A B N A E B R I C K
C N L A A C K O K P   A
F R A A L T U C G N O     E
S L E C B S T D A I O O   B
  P A A C   A E D R E G H   S
    I N T E   Y R L C   C
    R N O M   R Y Y M   R
U G L Y A E R S U R G E I   A
E S U O H L L O D   O   G T
  N A M U H B U S   W   C
  E P O C S O R Y G   H
R E T E E T   A   B
          R   A
        D   C
P E N N Y W H I S T L E   K
```

CORRUPTION
Puzzle # 8

```
M O B U T U S L K T Y R A N C
T E R R A G   E A R F     O
C E S S P O O L V G O A   R
C O R R U P T L Y E R C R   R
C R I M I N A L   R A   G U
E T A C E F E D     I   L P
D I S S O L U T I O N M A I T
E H T P U R R O C N I M V N L
A S A E K A R K C U M A I E E
H S C R P R A V I T Y C T A S
  S S H L E R I T A S U I M S
  A A E O       L A E
  W M A C     A T N
    T K     T E T
I N C A N T A T I O N E
```

PUBLIC
Puzzle # 9

PENNY STOCKS
Puzzle # 10

KIDS
Puzzle # 11

CHAT
Puzzle # 12

EBAY SELLING
Puzzle # 13

```
D R N D E A L B C C L F       H
K I E A       A A A U A       O
N C A T I     Z B P O S L     O
R O A M R R   A A P R H T A K
S O I B R A A A R E D I W O H
F S T S H A B R E R E O A   M
  L E I S S B G T   R N S
    O R T I A   N N     H
      O T E M C W I O   I
      R S P M   H D C N
R O D N E V I M O   I N G
T S I R O L F D O C   P E
  G N I K O R B K C O T S V
N E W S V E N D O R     A
N O I T I B I H O R P     W
```

WORLD
Puzzle # 14

```
A S B O H E M I A P O B M I L
P I I S K L A E R E H T E
E R N X U C       Y T E I C O S
L A E E A P U C O R P O R A L
M A D S E M D     O
I D C I B A M A     S
S   A U R Y S I C I
T     E O H T E T A
L L     R C C I M N
E   A     T   E S C H A T O N
T M E T A V E R S E
O     R       R   P
E         O E N I L F F O
          M S P I T F I R E
S P I R I T U A L I S M
```

WINTER
Puzzle # 15

```
D A V O S E S U O M U R B C D
K D I S C O N S O L A T E U I
H O O E L O H I T O W N T R S
I S O W     D         U L C
S H I N N       A     Q I O
O I   F I Y     Q G   U N N
P V   L H     U     N E G N
E E       O C A       E   E
C R       O G R E B E C I C
T         F T             T
I A K T I B I K E V I E C E R
C S U N I T S U R U A L
Y F I V I V E R S P E N C E R
K C E N G N I R
G N I L G G A R T S
```

CAR
Puzzle # 16

```
A C C E L E R A T O R G
A R B O D Y S I D E P T A
K U R M S T E T K   L E S R
  C T H O O K H N   B E O D
  A O Y O A P C G A   A R L
    B M T R P S O I T   C C
      T O H G B   J R   M
K C E R W S B M E O     B I
G U Z Z L E A I I L X     N
G N I M I T   F L C       I
M U L T I C A R   E       V
O V E R H A U L           A
R E T S D A O R           N
I N I M R E P U S S E L P O T
E L B U O R T
```

TRAIN
Puzzle # 17

E	E	N	W	O	R	R	U	B	E	L	D	A	R	C
H	Z	I	W	E	D	E	G	M	P	N	A			
M	E	I	G	O	G	O	E	U	A	O	I	S		
I		L	R	O	D	E	R	N	I	R	I	G	T	
S			I	E	B	K	L	W	I	D	S	N	N	
T			F	B	R	A	L	A	G	E	H	T	E	
R				A	R	A	E	O	R	N	W	A	S	
A				C	E	P	R	C	D	E	A	L		
I	O	V	E	R	D	U	E	F	I	B				Y
N	O	N	C	O	M	I	N	G		D				
M	O	O	R	E	T	A	T	S	N		E			
D	R	A	W	E	T	S		U	T	I	L	I	T	Y
E	T	A	N	I	M	R	E	T			R			
E	L	T	S	I	H	W					T			
							S							

GOLD
Puzzle # 18

N	K	I	M	B	E	R	L	E	Y	R	A	T	I	O
Y	O	N	G	E	C	E	I	P	D	A	O	R	B	
F	T	T	I	N	O	I	T	A	L	L	E	P	U	C
L	I	I	S	H	I	F	I	L	I	G	R	E	E	
S	A	X	E	I	C	T	K	C	I	S	S	O	F	
	O	C	I	R	M	A	E	L	B	A	L	O	S	I
	F	Q	N	U	R	D	K	O						
	T	U	G	A	E	L	N	D						
P	Y	R	I	T	E	S		G	A	A	U			
S	E	Q	U	I	N	R			B	L	C			
E	L	B	I	T	R	E	V	N	O	C		B	S	
D	E	T	A	N	I	M	U	L	L	I				
M	A	H	M	U	D	I	J	I	H	S	A	N		
R	I	F	F	L	E	M	A	N	T	I	N	S	E	L
O	D	U	K	A	H	S	W	E	E	T	E	N		

SOUP
Puzzle # 19

B	I	R	C	A	W	L	K	R	O	F			E
D	O	L	E	C	H	I	F	F	O	N	A	D	E	X
G	E	R	L	V	D	K	T	L		V	N	I	H	T
N	N	H	S	I	I	U	N	L	A		A		E
S	E	I	S	C	U	G	N	I	I	N		L	N
O		L	L	U	H	O	E	K	K	T	R		F	D
U			D	P	R	T	B	R		S	O	U	P	E
P			N	M	C		A			O	R
Y			A	U	I	H	C	C	O	N	G	J
S	T	E	A	K		M	D	N
M	A	T	E	R	N	A	L		E
E	N	O	R	T	S	E	N	I	M	E
S	S	E	R	T	R	O	M			R
N	O	O	P	S	E	L	B	A	T		U
							T

CHILDHOOD MEMORIES
Puzzle # 20

P	M	E	C	D	E		C	K			D	M	R
T	A	S	K	H	O	V	H		L			I	U	E
E	N	M	I	A	I	O	I			O		G	M	P
K	L	E	U	T	W	L	L	R			F	R	P	R
E	E	B	M	K	U	A	D	F	P			E	S	E
E	P	E	A	I	R	A	R	I		E		S	T	S
T	L	O	P	C	D	E	W	E	S		D	S	E	S
W		I	R	S	I	E	T	R	V	H		I	T	I
E			R	H	A	R	P	A	E	I		O	H	O
E				E	T	K	T	M	I	T	E	N	E	N
N				U	N	E	X	I	N	C	W	R
Y	O	U	T	H		P	A		E			H
G	N	I	L	B	M	A	R	C		N			E
							Y		I			D
D	O	O	H	N	E	D	I	A	M	L

WRITING POETRY
Puzzle # 21

```
A D R A O B K C A L B C H R S
D N I O H C E         U O E C
N I A L E V I T C I F N M S R
S O V C A Y E   U     E I T I
Y S I O R T E C   M   I L I P
B K A H R E A O E   S F Y C T
  I C R C C O T O I   O T H O
  U O G L E N I H P R A   R
  Q W M A   T O   M B   Y
    S R U F   I N   L
  N R E T C E L     C   E
C I T E M I M B L     T
          B E
T E O P O H T Y M A V
M S I N O H P M Y S J
```

PERSONAL GROWTH
Puzzle # 22

```
T A N T I F U N G A L R I A H
H N L E R A P P A G R O S S
E A E K E E C Y P R E S S E D
L C S M O M B T C I L E R E D
I R I A E O B B J U N G L E L
O O   R R C L R O         I
T G   Y C N   Y L         C
R Y     L O A   O C       K
O N       T V   L         S
P O     D E C I D U O U S P
I U L U G G A G E C A   G   I
S S G E N T L E W O M A N Y T
M O N I K E R S Q U I R E   T
M S A L P O E N           L
E V R E S E R P           E
```

WEB DESIGN
Puzzle # 23

```
K A R A D A G H E B R A N C H
C G E C O M P   D R M E
W A E G F     E O A L C
E I B M R L E   V A   W I A
B N E I U A O T I C   D F L
C S I G N T H W C H     A T
A T   L A   S C E H T E E M R
S     R P   O   R I     O
T     I     C   Y N     P
  H E R A L D R Y   G   I
S E R V L E T H         C
I N N O V A T I O N     B
E P A C S D N A L       I
E C N E C S E L O S B O R
P Y R O G R A P H       D
```

SELF DEFENSE
Puzzle # 24

```
M S I C I T E C S A B E I N G
A A W D O K   M R M O V E G R
Y U I O E U C   S E A   R E
R P T R R H N I   I S   O A
S E P O E C C T R   T O   C T
  T T O C T E U E P F O R E N
  R T S T E G A R U   G T E
  U O   O F E B L     E S
W A R M T P   N A L E   R S
      S   Y C I D   I
E R U T R E V O C   V   A
H E A U T O P H A N Y   I
C I H T A P O R E T E H R
M A I N T E N A N C E   P
O M B R O G R A P H
```

ORGANIC
Puzzle # 25

D	A	L	K	Y	L	D	E		D	E	N	O	L
D	E		Y			U	L	P	R	I	M	A	R	Y
S	I	L	M	X	T	F	A	R	G	S			
E	I	S	O	A	O	F	B		U				T
S	T	S	P	N	T	B	O		L	Y	X	E	H
P		H	U	L	O	C	R		P		P	S	I
O			Y	A	A	I	A	A		H		U	I	A
D			L	C	C	T	L	C	I		T	L	Z
I				A	A	E	A		D		R	I	I
C			M	M	M	L	E		E	C	N
F	O	X	F	I	R	E	I	E	E	A		F	I	E
E	N	I	L	O	C	I	P	N	R	N	T	Y	F
P	R	O	P	Y	L	E	N	E	E	E	T	E	Y
F	L	A	V	A	N	I	L	I	N	E		M
N	O	B	R	A	C	O	R	D	Y	H

SPECIAL OCCASIONS
Puzzle # 26

A	D	E	R	O	M	R	A	B	C	O	L	B	P
L	Y	N	A	P	M	O	C	A	A	Y	Z	O	O	D
L	E	P	M	A	T	S		C	L	C			M
O	Q	E				K	L	L	I		P
W	U		G			W	I	E	I	R
D	I	S	P	A	T	C	H	A	G	L	W	R	O
S	P		E		M		R	R		L	E	D	D
T	M			D		O		D	A		E	J
A	E	T			N		H	S	P			M
L	N		N			O		H				S
L	T		E		F		Y
C	O	N	C	E	S	S	I	O	N
M	U	I	L	U	C	E	P		R
A	I	L	A	G	E	R	R		P
Y	T	I	L	A	I	C	E	P	S

MAIL
Puzzle # 27

B	A	I	L	E	T	T	E	F	O	L	L	O	W	G
N	L	A	V	O	R	P	P	A	K	S	L	O	T	A
T	O	A	I	N	D	I	C	I	A	N				U
M	C	I	C	T	P	E	N	I		A			N
I	R	A	T	K	R	A	H	C	U	O	P	R		T
S	D	E	R	C	B	E	C		V	S	W	F	L
D	M	E	D	T	E	E	V	K		E	H	E		E
I		I	R	O	N	L	R	E	E	N	O	E		T
R		L	T	C	O	L	R	R	T	P	K
E			E	S	A	C	O	Y	A	P	L
C				Y	U	R		C	I	E	Y
T	R	E	V	R	E	S	R	T		L	R
S	E	P	A	R	A	T	E		S
S	P	O	R	A	D	I	C		O
U	N	S	C	R	U	P	U	L	O	U	S

SWIMMING
Puzzle # 28

D	L	A	Q	U	A	L	U	N	G			C		C
O	A	B	R	A	C	H	I	O	L	A	R	I	A	O
L	R	D	U	F	E	U	S	P	O	R	T	R	T	P
I	V		N	T	A	R	B				R	R	E
O	A		U	T	T	O	I			I	U	P
L	C		O	E	I	H	C			P	D	O
U	E			S	R	G	P	L		E	G	D
M	A	G	N	O	G	U	D	F	U	O	E	D	E	A
N	O	T	H	O	S	A	U	R	L	E	T		N
L	A	I	R	O	T	A	T	A	N	I		C
D	E	P	I	N	N	I	P			E		E
A	I	R	A	N	A	L	P				S		N
P	L	A	T	Y	P	U	S	P	L	U	N	G	E
D	E	T	I	B	I	H	O	R	P
N	E	G	O	B	M	O	H	R	W	E	B	B	E	D

STUDENT
Puzzle # 29

```
E A W O L B T L E R R A C R T
  L   G N A H E R E M   U E O
N G B     H F   D P O L L C X
  A R A   U   O   A   T I O
    M A S R     L   C   U T P
A C R E D I T A B L E   R A H
  M     S I V Y     Y   A T I
    O     U N D T I N U L I L
      L     O G A T     I O I
H S U R P     H       E   S N T
  T S I C I N H T E     R T   E
R E D A M O D B E H     P
E M B L E M A T I C
P E R C E I V E S U S P E N D
R U N O L O G I S T
```

MOTOCYCLE RACING
Puzzle # 30

```
D M S K A O A E S A B L O O T
C N O     T G L E N G T H M
  H E S G N I D D E L S B O B
H   A B P   N P         T
A     P   E G A K R E K C O R
N     S H     M C         R
D R O M E D A R Y S O     C
I R U B B E R N     R C   Y
C       S P E E D B O A T C
A           Y L S   O L
P D N A T S K C I K E P   E
P S S O R C O T O M L B O
E P E T R O L H E A D U A R
R O T O M R E P U S     S R T
D L E I H S D N I W
```

GIRL EDUCATION
Puzzle # 31

```
A H L U F M R A   B   C     C
C T T D O L L Y   R E H     H
D H I I D I A M S E D I R B A
T A O L M G U R L E U T S   M
N A U I O S     D C T K     B
D O R G R L I     I A Y I   E
P I I C H B   A   N T   T   R
  O A T U T O   N G E     M
    P M A D E Y L A S S I E A
      P E D E R U N D I E S I
      E S N Y E N S G I P D
        T U U
          O O
          H F
O V E R E D U C A T E D
```

OUTDOOR GEAR ACTIVITIES
Puzzle # 32

```
L L E H S D N A B C A M P
C A P A R I S O N E D G
D A H R   U   S   W H R A
  N P T E M E R T X E C I T
    E A R L N L P R   L O V E
      P L I D O L O I   L L E
F O R M E R G I I I P C     C
S T I C K D G   R N A H K
D O W N C H A N G E I R O E
L A M P P O S T I   D P E L N
T H R O W       G   L   D E
D E H S L O O T   G   I
T O P C O A T       I   N
                  R   E
```

LEARN ENGLISH
Puzzle # 33

```
Y E L I A B D R O F K C E B
S E V A N S D N A L G N A L
B C R D A O R Y N A   N
W R I B E K S H M A D R A S A
  O O N U X L N E R K       H
    L K O A P A E A E C
    G L E B   E W H R H I
      N O   E   R T P I T U
      I C       I O E N I Q
A I H P A R G S Y D M O T G M
  M E M O R I Z E T   E F S
P R O B L E M P     F   N
N G E H T P O H S K R O W T
E K A T P U     N   H
                I     T
```

ANT
Puzzle # 34

```
H G F M I R E R E T U E N M
R C U O   I   C   S   O
E E O B R Y   T H     I   N
  X N L E M L   I   A   O N
D U A O L I F D N   F   G E
W   I D T M D C N   E U   Y U
F O E O A A E O A I   R   N R
O R N C T G M O R A   A Y O
  R K Y E O R E D I R   N P
    M E G M R E R   U     T
      I R O R I   T   M   E
F O R M I C A R Y U   O     R
W R I T H E I   C M M   N   A
M Y R M I C I N E I       O
M E G A T H E R E   M     M
```

COUNTRY
Puzzle # 35

```
B O T S W A N A Y A L A M C C
M A C E D O N I A N     E O
N N U   K A Z A K H S T A N N
G O O T C H E T Y N     T T
  U S R O A S N R U O     R R
    I L W S M I I O G R   A A
O     D E A T P N A P   T L B
  L     E N Y R A A R M   H A
S W I T Z E R L A N D K I   N
  A G D L A E W D I   U   D
    T R A       A A
C O U N T R Y W O M A N
      I N C S A V A G E
        O I H
        P K Y
```

MOM
Puzzle # 36

```
F L I M A Y Y D E D     H
W I S P Y U S D N R U     O
      R W O U U R   B
D E L T T E N A O B O J C B
R O T A T C I D   L Y F N Y
    D         B S N O
C O N S I S T E N T L Y U O C
P   I N E S C A P A B L E B C
  A   M A T R I L I N E A L
  S   G N I R E E N I M O D
    S   S E M A N T I C
      E Y R T S I H P O S
O V E R P R O T E C T
O B S T R E P E R O U S
N O I T A B R U T R E P
```

CLOUD
Puzzle # 37

```
A L C S M     C L E P S I D
C O O A U L   L O O M
D U R S R L I   I A R A I N
E E M A O R U F F T M G O M S
  N L U E R Y M F E A S
    C I L T E A U   S E A
      L A O O A L C   T R I
        O T N A T U O   O H M
          U E I T E C R   O T
            D D M S L E R   N
D I S S I P A T E B E F B I
T C N I T S I D N I U G F U C
L I G H T N I N G     S G U N
S U T A R T S O B M I N   U P
R E K A M N I A R       S
```

MAKING WINE
Puzzle # 38

```
V A Y O Y T     C D I R T Y
Q O L R R S N   R R F
U   U E T T O A   I Y   I
I   V A E S O T S E     Z
E   G R T K I H P R U B Y Z
T   N A I S B C E
T E E W S I Y C A     C
E L K N I W T   O B     X   R
D I S C O N T I N U E     E A
    E R U T C A F U N A M
L U F N R U O M   X         B
F I L M M A K I N G E       O
N O I T A M I T I G E L     O
P H O T O G R A P H I C     Z
S S E L E N U T S A E Y     E
```

RUGBY
Puzzle # 39

```
B C S P E E J L M L A O G C D
D L A D F T M P Y E     O I
  A A M R I U A R N A     N S
    L N P A F O U O A D     V S
      L C E W T E L P G S E E
K C A H I O S D E N     F H R N
S I W E L A   E E E I U R S T
F O O T I E N     N L U I O
M A L E     C     L G O U
Y R E G G U R S E N D B B N C
G N I L R E T S     A Y     H
R E G N I W         C I     D
                    K S     O
                    T       W
                            N
```

AIRCRAFT
Puzzle # 40

```
A A A E B E J E C T B E F K T
D C I I L A F A I R O M A I A
E A R R R S T E M   M P I T I
R R E O M W I T     B E R E L
H E A H B A O A L   E N I
  C V L K A I M     E R N N
    N V F L T L A     A G
    U I   U I S N     G
S H E D P L   B C K L E
R A N G E   F     S I L
G L A R E S H I E L D N A
R O T C I D R E T N I     T
K C A B H S U P         S
```

PHOTO EDITING
Puzzle # 41

```
A P E R T U R E A P O C O P E
D C A R E T F E A T U R E D N
G I U E G R U T A M A R D P U
I N D T I I K M       S I T
  N I N T N N C I     M Q S
    D T A E E T A R   U U C
      E I C R V E B T D O A
        X D     I N Y G T P
S P L I C E E     T S A E E I
M S I L A N R U O J A I P N
M A G A Z I N I N G   B F   G
M E M O R I A L I Z E   L Y
R E V A R G O T O H P   Y
P O S T E D I T I N G
R E D A C T I O N
```

SCRIPT WRITING
Puzzle # 42

```
A   B P A R T P A L C       E
  N O M N O I S S U C S I D P
A   N D R T P I R C S E     I
E M D O Y O E H M P W R I T S
  X A   T S F R T U L       T
  G A R   A G I O G S A     O
  N R D   T R E P N H C     L
    O A     E A N M E   E A R
      M T       P U E L     R
F O R E G O I N G   H C T   Y
L A U G N I L O N O M I   X
W A F F L E   O N     A   E
G R A P H E M E G
L A U D A T O R Y Y
Y G O L O T A M M A R G
```

TRAFFIC
Puzzle # 43

```
E A M P H O M E T E R B E L T
C Y R G N A U T O C R O S S
E L E B L U E Y S U B P E E R
N D O S C R A W L
T P E S T D A S H C A M
R K M L U A E A S T B O U N D
A O C U A R C G R O C E R Y S
L U O J Y E   N           E
    T L     Y   I         A
    W       A   M         W
    A         L   R       A
      I         E   A     Y
L U F S S E R T S   R   H
E Z I L A N G I S         P
S U B S E Q U E N T
```

COMIC BOOKS
Puzzle # 44

```
L M P O L L E N I H C N U P B
L M A R S T A R K E Y     E I
O B U R A B O I F L A C K P N
Y M O E T T U R R E     I D
D   I O A I C F T O L     S E
    M K N N H F X H I     T R
    E E E E E O O T P L Y
G A G S T E R H A T T F U E
C I H P A R G Y T U T U   A
  D E P R E C I A T E M
C A I N A M O I L B I B S
M O R G U E N E W S A G E N T
H C T E K S R E N O I T A T S
```

MAPS
Puzzle # 45

```
A N A C I R E M A E       P O
X S U I L E V E H R N      O R
B A C O L O U R E R D I    R O
N L F T T S M W E S T Y F T G
I O U O S N E A         H F R
D R I E L I E R P       S O A
E I   T P I Y I U M     C L P
N V   U R F P D H A     A I H
T E   L I   O A C K L O Y
I R   O N   C R A E
T R E L I E F V T     G H R
Y       R E D N A L O S
    E L E C T R O G R A P H
E C N E G R E V I D C
K R I E G S P I E L
```

MOVIE
Puzzle # 46

```
A A E C A M E R A P E R S O N
C F D I E R A C R E V A E L C
T T E E D K P D I E M O T E
I E L N T D C L C T E P I C
O R I T O A A I A A C       M
N T G I G I N B L Y P A     E
E H H T L N T G   F     D   L
R O T L O   I A A L L U P I O
  U   E R   T C M       W D
  G   I     T I       O R
  H   F T H E M E D     R A
  T   Y T R O H S S A   L M
N O I S S I M R E T N I R D A
R H A P S O D I Z E     E
```

SCIENCE
Puzzle # 47

```
L U N A R I A N     C
O S Y G K R N A M H T R A E O
V Y F R C R E R G O N O M I C
E N   I T U O H       B P E
  E   C L E L W S     I R A
  C   U K M T K O     S O N
  T   L K E O I O K   T G O
  I   T   N R M V O   R R G
  C   U   U E A B Y A R
    T R U T H   P   N T M A
    I D E O G E N Y M A E M P
Y R T S I T N E D   A   E H
Y L L A C I M O N O C E   R Y
M S I L I S S O F     T
L I T U R G I O L O G Y   S
```

MAGIC TRICKS
Puzzle # 48

```
H A B R A C A D A B R A   P
S K Y N O R B T F A R C   O
H T I B U F F O O N E R Y W
P O C S G C Y H T B A H S W
N A A A S U I L S L     O
E I R X   A B G L U U   W
  L G T E   J M A A M C
    P R Y R     U M C   C
    M O E     H   I   O
      I M N S T R E N G T H
      S A O Y T E I R A V
S P R I T E   N H       M
T R A P E Z E H C T I W N U
S P O I L F I V E Y
Y P P A H N U
```

PEOPLE
Puzzle # 49

```
H C Y R M Y K N     Z   J N
D S H S E G D E G     U   O U
  E I R U P R E D O   L   I M
    S M I B O O L L L U   N B
    O A S   D I L E O     T E
Y N A M P   T     N E W K L R
T R A S H M   E     E V   Y
  H S I F F O D N A T S A
N O I N U     C   D     R
C O N F L U E N C E O       T
F R A U D S T E R   M
E V I T C A R E T N I
O V E R P O P U L A T E
S U O I G I T S E R P
E V I T E R C E S H S L E W
```

DANCING
Puzzle # 50

```
P N G N I C N A D K A E R B C
E E O Y E T R O C     P U L
E L E I H F E O G O   R S U
P O R T P F D T N U   O K B
M I I T I A U A A A P M   B
E   S P R S B R S N L T E   I
D N I N P G M G I E U   E N
N R A E L R A N A E O M C   G
  U R   E O C I   R N O O
  T   E   L H   K C O R R J
  C   U   L     R   H   P
  H     Q   A     E   C
        S   R     W
E M I M O T N A P A       T
B U L C T H G I N M   P
```

MOON
Puzzle # 51

```
N J E D I R S C A E K A U Q
G O A N     E R S H
G N I N U   D U T   T
  N I R U M N S E     U
    I S E S A T R O P N O O M
    D T I P     O         S
        E T R Y C I T P I L C E
        T E   H D Z E N I T H
D E C R E A S E S W A L L O W
          C P E R I G E U M
      R A N U L I V O N
        N O I T A R U C S B O
              F
N O I T I S O P P O
Q U A D R A T U R E
```

COOKING
Puzzle # 52

```
A B R E W C C C S I L U O C T
E N I R C H A O D M S     I
S N   A R P I R A T     K
  P A   N D P S N E R A   K
  O   T A A E   S I D K O A M
    T   T M R   N U H G   M
K C A H S K O O C I   R A E A
G A L A S A M     X     T T R
R K O E K S I S T E R     I
  I         E N A P O R P N
    L     R E M M I K S   A
T R A I L E R     A       D
      A       L         E
        D S T O C K P O T
P U T T A N E S C A
```

POTTERY
Puzzle # 53

```
R E M U A B K G N A H S     D E
O G R R B N E I L O         I C
H R N A O O I L N A C       P T
A S U I W F L L L Z Z N     Y Y
N Y H C Z E I G L E I E A L P
D A S E S A T C P A E     R O E
M Y     S R O L A I O G K     N
A O       I D R G G L T       V
D I         L   A     A A B   A
E   O S T R A C I S M C A R
P U G G I N G P     H         N
P O R C E L A I N     C     I K
P O T S H E R D             S
U N D E R G L A Z E         H
```

PERSONAL FINANCE
Puzzle # 54

```
D S T B I L L E T B U T L E R
A Y O E B R E E D I N G G Q H
N J L R U Y N N A C       U U A
E U E L E Q D E V I S E A I N
G D   V A P U R S E     N P D
E G     O C A O E A     X A B
L M     L I P F R C     I G A
D E Q U I C K M     U T   E G
  N     R E S O L U T I O N
  T R A I T     N E   P U
Y L E V I T C E J B O P   U S
S P O N T A N E O U S C A   R
U A E S S U O R T     E H
                        S
```

CASUAL DINING
Puzzle # 55

```
A C       D H E C N A L G
N Q R E M I T C T E M R U O G
E   U U   S     L H C T A L K
C   R A E H   O R I E L
D   N E K T     O F F H A N D
O S U O T I U T R O F       S
T P G S E I N E   I         E
A   A N P H A D I   A       T
L     T A O C W R N   P     T
        R L R N D E W   E   L
          I S T U A D O   R E
            M   Y L E   T
T R A I N E R O     H
W O M A N I Z E N
T R A J E C T O R Y
```

EXERCISE
Puzzle # 56

```
Z B I O M E C H A N I C S G G
H U T E F F U B P I H S M L R
  I M B U T T E R F L Y U O A
  K B S U O I C A R G S W D
R E H E A R S A L       C T U
R E N O I S S I M M O C L O A
I N C A U T I O U S     E N T
P N G I E R       Y   B E I
G I R O A D W O R K   D O   O
T N T S P E L L I N G   U   N
  H I Y U R T I C A T E N T
    R T V O C A L I S M D   S
      O A S U G L U V
H C T A W K
            S
```

TRAIL RUNNING
Puzzle # 57

A				D	Y	A	W	E	G	N	A	L	F	H
	V	E		E	N	D	N	U	O	H				A
K	I	A	D	C	G	I	L	M	N	E	S	S		L
M	R	H	J	U	O	N	A	O	U	K				F
E	R	O	C	R	T	U	I	R	H	R	N			W
R	I	V	W	R			I	T	V	G	E	M	A		A
I	G	E		E	A		T	R	A	S	S	U	R	Y
D	A	R		N	S	E		A	U	L	O	U	R	
I	T	R		T		U	S		L	N		R	O	
A	E	U				O	E	N	A	L	P	G	H
N		N	T	H	U	M	P	H	E	C	I	U	L	S
Y	L	S	U	O	I	R	E	S		K			
S	I	N	G	L	E	T	R	A	C	K	I		
N	I	A	R	T							P		
												S	

STAR
Puzzle # 58

C	S		C	A	N	A	M	L	A	P	I	X	I	E
E	E	I				I	R	D	E	C	E	N	T	
B	D	T	X	D	I	R	U	I	H	P	O		G	
A	R	U	U	O		I			S				L	
D	E	E	T	S	P	L			O	E			I	
I		I	T	I	D	Y	A	S	T	R	O	I	T	E
A		X	A	T	A	H		H				S	C
N			Y	R	L	Y		I			T	H
V	I	V	I	D	P	C	A	S	C		A	
E	R	O	D	O	M	M	O	C	T		R
I	M	M	E	R	S	I	O	N		A	S
N	U	M	E	R	O	U	S		R	H
L	L	I	B	O	T	I	U	Q	S	O	M	I
G	N	I	K	L	A	T	S			P
S	T	A	T	E	R	A	T	S	R	E	P	U	S

SUGAR FREE
Puzzle # 59

P	L	A	T	O	N	I	C	A	L	C	O	H	O	L
B	N	P	S	B	E	T	A	I	N	E		F	C	S
Y	E	A	A	S			N	M			L	A	U
S	A	E	E	S	O		V		O		A	R	C
L	S	W	H	L	S	I		E		T	N	E	R
P	I	E	A	I	C		L	R			A	L
E	U	G	L	E	V		E	T	I	N	I	F	E	D
	R	R	H	T	V	E		T			S
		A	G	T	L	I		A		S
			P	E	S	O	G		B
			S		O	J		L
			R	H	A	M	N	O	S	I	D	E
M	A	N	N	O	S	I	D	E				T
O	U	T	S	P	O	K	E	N
S	S	E	L	R	A	G	U	S

TABLE TENNIS
Puzzle # 60

S	R	E	R	E	D	E	F	R	B	D	I	N	K
N	R	G	A	M	E	S	I	O	A	G	U	S	T	O
N	E	O			H	D	S	C	M	S	Q	E
C	I	E	B		O	D	E	K	I	E	U	N
	E	Y	T		R	L	W	H	L	R	A	N
	N	I	N		T	E	A	A	L	V	D	I
		T	T	A		L	N	I	E	R	S
			I		C		L	D	A	T	I	T
D	R	A	O	B	G	N	A	B		R	T	L
E	T	T	E	H	C	R	U	O	F	D	E	L
D	E	R	D	N	U	H	A			E	C	I	L	S
M	A	R	G	I	L	L	I	M			O
D	E	T	A	L	O	P	R	E	T	N	I	N
R	E	T	E	M	I	L	L	I	M
O	U	T	P	L	A	C	E	N	I	L	M	A	R	T

TREE
Puzzle # 61

GOLF
Puzzle # 62

```
A A B A C K F B U N K E R       M
C P I W E H L F G M A           A
R P S N E L A R A O U G         J
E R Q   E R G Z E B W S O       O
  O U     L D A A H Y F I H R
  A E     S S E E R C T   C
  C T T U P C O R N D T T
  H P U T T E R N A I O I U
S P R I N G     A   C H U P P
E L A W S H     T   S T S
          A       C
            L       H
              V
                E
                  D
```

ZERO WASTE HOME
Puzzle # 63

KIDS PODCASTS
Puzzle # 64

```
E   B H S I M A E B C L L O D
A C A B L A C K B A L L F F H
R H N E U M T       O   E R A
N O D A L I R S   W   V U N
E R A O I E L O A   N   E I G
S S N P M L T D F C     R T O
T E N L   I L N I R D   E I B
N P A A   N A E N E O D O J
E L   Y     E   I G P P N E
S A   F       E L       C
S Y   U Y D O S O R P C   T
    I L L U M I N A T I O N   I
E R U T R E V O     N   F
R A T I O N A L I T Y   G Y
R E C K O N I N G
```

RAIN
Puzzle # 65

N	A	A	O	P	D	E	W	R	E	T	H			
S	O	L	T	H	O	R	L	S	G		A		P	
I	S	I	L	T	C	L	O	G	L		D		I	E
I	N	E	S	U	A	E	E	W	G	O		O	P	L
E	N	C	N	E	V	C	R	V	N	A	W	R	L	T
S	N	V	R	I	H	I	H	E	E		R	U	O	E
D	T	A	O	E	T	D	A	E	D	D		D	U	R
	I	O	R	C	A	H	A	T	D			E	T	
		B	R	B	A	S	G		I					
		R	M	M	T	E	U		O					
H	A	L	L	U	N	E	I	D	O		N			
			T		M	O		R						
X	O	P	Y	E	K	N	O	M	N		D			
R	A	I	N	W	A	T	E	R						
R	E	T	S	E	W	H	T	U	O	S				

EARTHQUAKE
Puzzle # 66

I	I	E	A	B	E	T	L				D	E	R
N	R	S	G	T	E	L	L	O	E		I	A	E
E	O	M	C	D	T	F	K	U	A	K	S	R	S
R	V	I	U	H	I	E	A	C	A	D	A	T	T	C
T	O	A	S	Y	I	R	U	L	U	F		U	H	U
O		C	U	S	G	A	H	Q	L	B		R	Q	E
L		K	Q	A		Y	T				B	U	S
L			H	P		E	R				A	A	U
R	E	T	T	O	T	T	M		V	O		N	K	F
S	E	I	S	M	I	C	R	O		R	N	C	Y	F
					A	C		U	E			E
			I	M	P	O	V	E	R	I	S	H	R
I	N	T	E	R	V	E	N	T	I	O	N			I
M	E	G	A	S	E	I	S	M					N
R	E	T	E	M	O	M	S	I	E	S			G

BEAR
Puzzle # 67

S	D	N	O	I	T	A	C	I	L	P	P	A		
B	O	R	E	V	A	R	B	R	F	L	O	W	E	R
C	A	T	A	C	P	M	E		E			P		
	H	R	C	B	N	O	U	P		D			P	
		E	R	R	L	E	I	S	P		L		Y	
		C	E	A	A	I	N	T	I		E	S	U	
		K	N	N	V	T	C	A	H		A	N		
A	I	R	O	L	E	P	E	S	A	I	S	C	L	B
T	R	A	M	S		R	E	L		P	A		A	A
G	N	I	D	N	A	T	S	N	E		M	N	M	C
C	Y	C	L	A	M	E	N	P	I	S		I	A	K
E	D	U	T	I	T	R	O	F	O	S			N	E
G	O	L	D	E	N	R	O	D		T	R		D	D
Y	T	I	M	I	N	A	N	G	A	M		U	E	
P	A	V	E	M	E	N	T					R		

SALES SKILLS
Puzzle # 68

E	N				B	L	F			A	O	S	T
	R	O	L	L	I	T	A	L			C	P	T	E
	T	I	I		L		U	A		R	E	A	A
		N	H	T	K			Q	T	O	N	V	C
			E	I	I	P	O	S	T	E	B		E	H
Y	R	E	V	G	U	S	Y	A	L	R	A	P	S	T
			N	Q	I			T				E
C	O	P	I	N	G	I	C	U			I			A
F	L	A	N	K	E	R	T	A	Q		C			M
P	R	O	F	I	T			N		C	S		W
C	O	M	P	E	T	I	T	I	O	N	A			O
		M	S	I	L	I	T	N	A	C	R	E	M	R
R	U	E	N	E	R	P	A	R	T	N	I			K
E	V	I	T	A	L	U	P	I	N	A	M
D	E	L	L	I	K	S	I	T	L	U	M

AGRICULTURE
Puzzle # 69

```
N R N A G R E S T I C   B
L A E E Y H B I O S O L I D S
E A G T O G C K     I O   G
N L R A E L O T C   M I     E
Y I B U D M I L A O   E N   O
  H A B T M E T O C H   D   P
    P M I L E D H I   S U G O
    A O D U N   I B   S E N
    R D   C A   C O T O I
    G     I Z     R R C
D I R T E M O E G R O   Y G S
Q U A D R A T E   G N   I A
R E D W E E D   G     A   C
G I B B E R E L L I N     A
H U S B A N D R Y       L
```

POLICE
Puzzle # 70

```
I N S P Q A R R E S T S H O P
T B O E E U N A M E C N A H C
  S A I S C E T E L B B I D O
N   I L T R R S I           N
  O N S L P E O T P       S T
    E A S I U P F O O     E I
      P M A S R S P R L   A N
      L   L   T R I A E I R U
R O T A L L O C I O D C   C E
        I   R R   C C   D H E
        C   E T   S     E
  S F F U C I T S A L P     R
Y C I L O P   L   A P
T C E F E R P   O   T
N A M S D N U O R P
```

BASEBALL
Puzzle # 71

```
A R T V E S O O H C G L
T E E O A M           A U
H X   D O H A H O P P E R O
L P     N B C F         D F
E E   R G E G R O U N D O U T
T R Y D O U B L E H E A D E R
I I N T R N A G I M C
C E I   I E I R U A A N
S N G     L P M A L N E U
  C H     A P G N S   R P
  E T       R I N T     C
  D S I N G L E E K U E     S
T S E F G U L S   N S O E
E S I V E L E T     E   Y
              G
```

AIRPORT
Puzzle # 72

```
E R A     E   G E A S S U R E
N W E E E   C U W D     C T A
T P O T R G P A   A I   H A R
E H A L S A N R P   N S A X R
B M C C S O   U E S   D R I I
B   A A Y N F L O S R   G I V
E     R O K U H   L T I E   A
        S R S O     W A   L
E L D N A H P S H       I
          A P           C
        E S C A L A T O R   K
Y T E V I A N O U T R A G E
N O I T U L L O P
S C H E M I N G S T A C K U P
T H R E S H O L D
```

MONEY
Puzzle # 73

FISH
Puzzle # 74

WRESTLING
Puzzle # 75

NEW YEAR
Puzzle # 76

WILD
Puzzle # 77

```
O Y X . . B C D D H R A E T
C C R N . L R H E E
T H S A Y . I A U . M M
L O O A I L N P N . . I O R
N A P K B T D S T . P . N A
M A C K E R S . E R P . . I F
E U M I A C A E R R E K I P C
. L S D R E H B B . G
. . D H A E R E O U T L A W
. . D R M T F R . . . N
. . A O . S . R . . . O
S K A R E C O . Y . Y
D E D L I W S M . H
K C I T S G I P E
S S E L E M A T . R
```

HOSPITAL
Puzzle # 78

```
N A M B U L A N C E . . . H
E O D A L . . . H D O C T O R
W G I A L O E K A W . . . S H
. O A S N D V C R . E . . P O
. . D D S G E E I A . T . I U
. . N N I E B T P P . S T S
. . . E A M R Y . S . . A E
D N U O R . B D . . . O . L K
L O C K D O W N A . . H . E
C O N D I T I O N N . . . E
G N I P E E K E S U O H . P
C I N I L C I L O P . I . E
P R I V A T E . T H E A T E R
E D I V O R P . . . . . A
R A L U G E R T R U S T E E N
```

FILM MAKING
Puzzle # 79

```
E I S E N S T E I N G D E E R
R . T S H O C K E R O P M P A
. O G N I R I T . . T R O E D
. . T . E . . I . . H I L R I
. . . C . M . M . I N L S O
G N I T A L U C L A C T I O G
Y R E N I W . C . G L E N R
. . . E L B A Y O J N E N A A
E L B A M L I F . D . S T L P
Y R A T N E M U C O D S . . H
S U O R O M U H
Y F I S N E T N I
Y R A N E C R E M
M I C R O F I L M
P R O D U C T I O N
```

HISTORY
Puzzle # 80

```
A Y R U B D A R B . C
C N . . P L E I S T O C E N E
A A A I R A B A T . C . . E D
S I L C . . E T O D C E N A I
S . L I I G R A D E E D G R O
U . . I F R . . . I U R L R
R . . B O E . . A U E Y A
E . . . O R M . N M C . M
. . . . M N A . I V I . A
R E H P A R G O I B S I A
F O R M E R L Y T A M R N
E P I S T A T E S U N
H E O R T O L O G Y A A
T S I G O L O R D N E D
M E D I A E V A L I S T
```

BOUNDARIES
Puzzle # 81

```
Y R R U L B T E N R A C I T Y
K R E T A N I M R E T E D I L
D R A Y E V A L C N E L L M I
N I A D G H G       O O P N
  O R M N D E N     D C R E
O   I E E U E R I     E A E S
  U   T C D O   M N   T G M
    T O A T N B   E I   E N A
    L V L I O     S L R A N
      A E A V I       T
      N R H E T       I
I N B O U N D S     A   O
O V E R L A Y I T     C   N
T R E S P A S S S E     O
U N B O U N D E D H P   L
```

JEWELRY
Puzzle # 82

```
A A H A E     O B I N I A H C
E M M K N P     E H D       A
G S B E N T O   Z M C N     R
Y N A E T A I R E   A N I   A
F T I R R H S Q L   J C U B T
U I R P F Y U U   E     P S
L   C R O I S O E S       E
G     I A S R T I S       T
E     R E Y M R N         T
N     T R A E O           I
T E L E G A N C E H M V L   N
F I N E N E S S E   C E L E G
R A E W K C E N   L     N I F
R E F I N I N G     E     T S
V A L U A B L E S
```

SALAD
Puzzle # 83

```
A B H C A N T A L O U P E
Y I O C O L N O P A H C
N R S W A L O C O S T M A R Y
N O E O L E E B S S E R D A R
E O I L R E R S M     N I
S S I L E B S B L A   C L
H L C T E C M I R A R   H L
A   E A A D E A A A W A   E
R   R R R N T   N G   C T
D   R O E A T   N E   T
    O L M D E   O N E
    S E U U   Y I S
R E G R U B M A H N   Q A V
M I C R O G R E E N E   O M
O T N E I M I P     R
```

COMPUTER
Puzzle # 84

```
D S B O J U D P E N O L C E
C N R C   R N R I P A G E R
  O E E I   O I A H   W O R M
  M B F N   T X O C     O
  P A S O   A   B   R
  R   N R F I N G E R
Y G G A L E   A T   T
H C T A P   S   R C   I
H S I L B U P S   T E   N
E C N A D R O C N O C L   I
N O H T A K C A H     E
E T T E H C N A M V I S I O N
E V I R D O R C I M
N O I T A R E P O
P A R A L L E L V I R T U A L
```

FLORAL DESIGN
Puzzle # 85

```
A E R O N A U T I C S B E F G
A M O R P H O U S O I R Y A R
Y D S D H C T E . R N A E N A
Y L E U E P . . D N T L C I .
N R T T O B M . . O T E I N .
E G T N S R M I . . V I T F R
T S I E E E E E G . A S . U E
D S I S G G R M . . T H . L C
. E I A E D N C A . E I . . E
. . R L R D A I E C . N . . P
. . O Y . R G T L E G . . . T
. . . L T . E . N T D . . . A
. . . . I S . V . O T O . . C
S U O M I N A N U O . C A D L
E M O R H C O T Y H P . . W E
```

PAPER CRAFT
Puzzle # 86

```
D O W N S D U M B D H A N D C
C R . . H C T I W W . . . . A
H E E A S S I G N A T I O N R
A C T I . . M T . R . . . P B
L E R A B . E A A F . . . O O
O . L E L M F I T T I N G E N
U . L W P O T C C S . . . T .
P . . A . R L H E H O . . R .
E . . . S . E O G P B R Y . .
H O R O L O G Y P C I S O E .
L I G H T N E S S P . E . O A
E S A H C R E P A P O . L . K
P Y R O T E C H N I C C . S .
Y R T S I H P O S . . . . . .
E C N A T S B U S . . . . . .
```

BUG
Puzzle # 87

```
T S E R B A I C I L A G H P P
G B U G A B O O . . . L E H I
F N A L E U H C N O C I M Y C
E I I T . P . K Y . . T I M K
I S R E S . I C . L . C P A S
. N O E B E . H . . F H T T E
. . S N B . P A S . . E E I R
. . E E U . F . W . . R D V
A P E N C N G E . . O . A I E
T I G E R T O R . . . L N . F
. E D I C I T C E S N I L .
F I G E A T E R B R U T R E P
H O M O P T E R A N . . . . F
G N I T A T I R R I
M Y C E T O M E
```

SHARK
Puzzle # 88

```
B S S R S E L L E S I O M E D
E F U P E R F A R Y . . K . .
N L I N H G E O T E A G N A P
C H A S I Y I P X A M H . . M
H U S H H R T S F G O . . . .
L . M M K R N . A I . . H S
E . P A O R O A . L S . . Q
Y . R N B A T . . C H U . .
M A K A R A T R H E L B M A R
. . . H I A S C . . . L . .
E T I L L Y C S N N . . I . .
D I N I H R O I L Y C S . F .
S H A G R E E N . . . H . O .
S W I N G L E T A I L . . R .
V E N T R A L . . . . . . M
```

ONLINE SHOPPING
Puzzle # 89

A	I	D	E	P	I	K	I	W	B	O	O	T	B	F
N	Y	N	I	S	N				E				U	O
M	O	T	B	N	U	E			E				G	R
A	E	H	I	O	T	O	W		L				G	U
L		T	T	N	X	E	R	S	I				Y	M
V	O	O	A	A	U	E	M	G	N	T	S	O	P	W
E		D	V	V	G	M	D	P	E	P	U	S	H	E
R		U	E	E	O	M	A	E	M	A	P	S	B	
T			E	R	R	L	O	R	R					I
I				S	S	S	B	C	T	A				S
S				P	H	E					N			O
I	N	O	M	E	N	C	L	A	T	U	R	E	C	D
N			S	U	B	S	C	R	I	B	E	E		E
G	E	N	I	M	R	E	T	E	D	E	R	P		
S	L	A	C	K	T	I	V	I	S	M	R			

FOOD
Puzzle # 90

T	D	E	N	I	R	B		D	C	H	U	C	K	H
F	N	E	N	O	R		U	H	A	L	P	I	O	
E	A	E	E	O	I	A		C	E	R	U	A	N	M
T	T	N	I	S	R	T	M	K	E	D	A	C	S	I
	E	A	C	R	D	I	C	A	R	E	U	K	T	N
	E	C	Y	E	R	D	E	L	R		I	A	Y	
		W	I		P	I	I	F	A		N	N		
		M	S	T		A	B	R	N	C	G	T		
C	O	M	M	I	S	S	A	R	Y	G	O		I	
R	O	A	S	T	L	T	A				C	Z		
S	N	A	C	K	Y	K	O	M				E		
					F	D	E							
					U	G	R							
P	R	E	D	A	T	O	R	Y	L	Y				
M	O	N	O	P	H	A	G	O	U	S				

WEDDING PLANNING
Puzzle # 91

Y	A	B	M		B	R	E	C	N	A	D		
B	L	F	R	U		L	E	N	G	R	A	V	E	D
I	U	E	O	I	I	A	E	S	C	A	R	G	O	T
M	L	T	T	O	D	M	N	E	D	L	O	G	P	
P	K	L	T	U	T	E	A	Y	T	S	A	H	A	
R	E	O	I	O	L	P	Z	L				R		
O		T	O	F	N	O	U	I	A			S		
M		A	L	N	H	S	D	L	H			O		
P			T		I	O	B	D	L	T		N		
T	R	A	I	N	I		L	A	L	A	I			
U				D			E		E		P			
Y	O	B	E	G	A	P	E					E		
		E	V	I	T	A	M	R	O	F	R	E	P	
E	L	D	D	O	C	Y	L	L	O	M				
N	E	C	E	S	S	A	R	I	L	Y				

MONKEY
Puzzle # 92

L	B	A	B	O	O	N	D	R	U	M	H		E	M
I	D	R	E	N	I	H	R	R	A	T	A	C	N	A
G	C	O	U	R	L	E	M	A	H	A	N		T	N
I	Y	U	G	H	U	O	U	R		U		E	D	
A	E	F	O	I	E	M	T	Q	O		M	L	R	
S		H	Y	D	M	N	E	O	A	T	A	L	I	
	I		C	E	I	E	I	L	N	C	N	U	L	
	X		A	K	R	D	R	I	G	A	E	S	L	
	Y		T	N	I		A	A		M	T			
U	O	J	A	P	A	S	O	M		U	P		S	
P	U	G	G	I	S	H	U	M	I		O	M		
W	R	E	N	C	H		M		A		I			
P	L	A	T	Y	R	R	H	I	N	E	S		S	

WINE MAKING
Puzzle # 93

```
G S B O U Q U E T C D
C R A A N G       A   A
A H E A I O N     V K   O
  N E B D N I I   A   C   L
    E V S N A T Y F I N I N G
      G I I I M A T       R
        A S N B O V P         P
          L A N T C A M
R E H S A M   N A N L R E
P R O S E C C O C H E A G
O E N O M A N I A E O I C E
G O O S E B E R R Y   J G E D
E V I S I C E D N I       U D
N O I T A M I T I G E L       M
P I A C E V O L E
```

VIOLIN LESSONS
Puzzle # 94

```
S A E C N A N O S S I D
E C N G F E A T H E R I N G
L S H Y A K C A B E L D D I F
R E I N M B I N T E R L A R D
L E P C I O B A R R O G N A T
E D S R T R A D E E
M C A O E T E C N T C
  U T E G X K     A C O
    T O L   E E     K E R
      A R E D A C C A S L D
L U N C H T I M E T H G U A T
    P E R S I S T E N C E     M
L O O H C S   O S C R A P E R
S E S S I O N O N I D R O S
N O I T A E R C E R
```

PRESSURE COOKER
Puzzle # 95

```
C A K C E D E T R E X E     L
D I T C U N E M T L E F     E
H E R T A T O A B Y R R U H V
I C P A R R T L D R T F O L E
  S Y R B I C E C E A     R
    O S E O T S R Y G C
      T P S N I Y T C A E
        H   S R O A H   W
R A B A G E M U E N W R   S
T N E I D A R G R T   E E
S U P P O R T M   I L   D A
C I T A T S O P Y H Z A   I T
I N F L E X I B L E   E     S
P R E S S I N G N E S S
L A C I T A T S
```

SOLAR ENERGY
Puzzle # 96

```
A B L O O M   B S S E R P E D
I C R E V I L A I N P U T S
E M T E F     R C P A N S W V
Y N P I W I   N     I     A I
  R E U N O L S E   N     N V
    A R L O P T U K   A   K A
      E G S G O   B C   G   C
        W E E R R   S I   R I
          T M A D   T U   O
Y T I N I F N I   P Y   O Q U
R E A C T O R N C   H H   R S
            G   S         M
Y R A L A C R E T N I
P H O T O V O L T A I C
H S I G G U L S T R U G G L E
```

HALLOWEEN
Puzzle # 97

```
N E E W O L L A H S L
D A U T U M N A L A   U
B E G C F     S   M       O
H E T N U E D     T H         H
  C J T I R S E H A L L O W G
    T E O S M T T I S     I S
      I W L I U I N     H   N U
        W E L U D V U       C S
R E S I U G L A G G I A     R P
C A D A V E R O U S E T H E E
F U R T I V E L Y       O Y D C
E L B A L U C L A C N I N I T
E T A C U D N A M         B
N O I T O P S U B S E T     L
S A F E G U A R D           Y
```

BIRTHDAY PARTY
Puzzle # 98

```
Y T Y L L U F W A E       C E
T L N D E A G A     K     E L
P E L A I V R E L       A   I E
O   U A L S I E N L     C L C
S     Q U L T T B I       I T
S     N T E R S I T       D I
E       A C P I E L I     H O
Y V I R P   B A P B F E V     N
C E N T R I S T   A U X   E E
E T A L U G E R E D   T     E
H O S T I L E         E E   R
R E V O E R O M       R   D
D E T A G I L B O     N
P A R T I A L         A
R O I S T E R E R W O L L E Y
```

CHARGING
Puzzle # 99

```
P H O T I A N T N U O C C A M
Z E C C C M I E F D           I
  T G H L R U N G I A       S
  I I R A A I I D O R E     C
    M L A R W M M U S D L   H
      P B H G B E E C A     A
V A L V E   C E A     E T G R
G N I D N A L   R C   R I   G
E V I S U L C X E   K   F O E
            H               N
      T N E M T C I D N I
    E V I S N E P X E N I
D E C I R P R E V O N
R E C I B I E N D O   T
G N I N I L D E R
```

SPORT
Puzzle # 100

```
R A E W E V I T C A     B S
N A C I R E M A L L A   U Q
B U L L F I G H T I N G Z U
O J E S T L F R A T C H K A
F R T T R R O I N U J P A S S
M U U S S O P G E     S H
  O A D I I N R T T     H
    V L N L L I E O O   I
      E G E A L M S O M
        N   D A   E F O
R E S O R T A   E D   R   R
S C R A T C H L   M E   V   P
T S I T U H C A R A P M   E
T N E S E R P E R G N I I K S
S P E L E O L O G Y
```

Made in the USA
Middletown, DE
31 October 2021